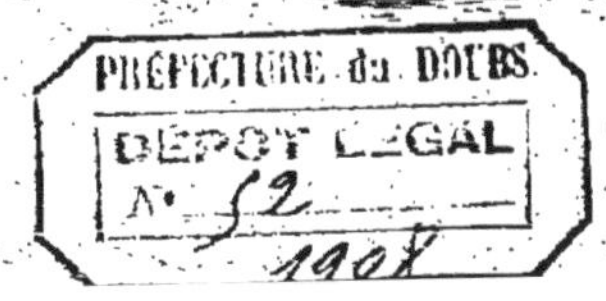

1789

HÉRICOURT

PENDANT

LA RÉVOLUTION

ÉTUDE DOCUMENTAIRE

PAR

Ch. CANEL

MONTBÉLIARD
SOCIÉTÉ ANONYME D'IMPRIMERIE MONTBÉLIARDAISE

1908

1789

HÉRICOURT
PENDANT
LA RÉVOLUTION

ÉTUDE DOCUMENTAIRE

PAR
Ch. CANEL

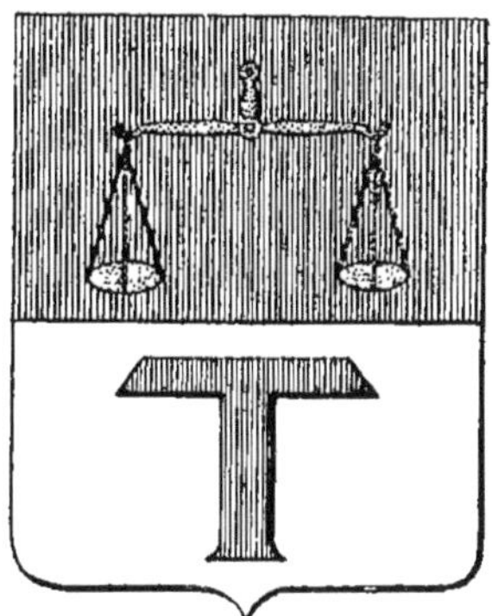

MONTBÉLIARD
SOCIÉTÉ ANONYME D'IMPRIMERIE MONTBÉLIARDAISE
1908

BIBLIOGRAPHIE

Nous indiquons dans le cours de ce travail les différentes sources de nos informations et les ouvrages que nous avons consultés. Nous en donnons la liste ci-contre :

Les Archives d'Hericourt, de Vesoul et du Territoire de Belfort.

Les Archives Nationales.

La Bibliothèque publique de Besançon.

Les Ephémérides du Comté de Montbéliard, par M. A. Duvernoy, Montbéliard, 1832.

Notice historique sur le pays de Montbéliard, par Ch, Roy, Montbéliard, 1880.

Bernard de Saintes ou la Réunion de la Principauté de Montbéliard à la France, par M. Armand Lods, Paris, 1888.

Notice historique sur l'Introduction de la Réforme religieuse à Héricourt, etc., par M. A. Chenot, Montbéliard, 1885.

Le Clergé de la Haute-Saône pendant la Révolution, par M. L. Monnier, professeur agrégé au lycée de Vesoul, 1896.

La Chronique de l'Eglise de Vesoul, par M. l'abbé Morey, Montbéliard, 1886.

Nouveau Larousse Illustré, sous la direction de M. Claude Augé.

1789

INTRODUCTION

Nous voici arrivés à l'une des dates les plus remarquables de l'histoire de l'humanité et de ses institutions. Nous sommes à l'aube d'un jour nouveau. Tout un vieux monde s'écroule. L'ancien régime disparaît. Le gouvernement « du bon plaisir » prend fin. Place à la démocratie.

Les habitants d'Héricourt saluèrent-ils avec enthousiasme les promesses de réformes qui commençaient à agiter la France toute entière, qui étaient le sujet de tous les discours et qui allaient bientôt devenir l'unique préoccupation de tous les bons esprits ?

Le fait est hors de doute.

Qu'il y ait eu quelques rares partisans désirant le maintien des institutions actuelles, et que la perspective d'un bouleversement général allait les troubler dans leurs intérêts, cela est indéniable ; aux époques de rénovation sociale, il y a fatalement des sacrifiés, — mais tout, d'ailleurs, tend à nous démontrer que la grande majorité des habitants furent atteints de la « fièvre révolutionnaire ».

Placés, depuis près d'un demi-siècle, sous une double administration (1), non moins arbitraire l'une que l'autre,

(1) Louis XV reconnaît les droits de Charles-Eugène, prince de Montbéliard, et seigneur d'Héricourt sous le rapport du « domaine utile ». 10 mai 1748.

celle de la France et celle des princes de Montbéliard, subissant les contre-coups fâcheux des difficultés, des querelles qui s'élevaient entre ces pouvoirs rivaux, ruinés par la justice du roi et du prince, écrasés d'impôts royaux et de redevances seigneuriales, persécutés dans leur foi, voyant leurs franchises méconnues, leurs libertés foulées aux pieds, les bourgeois d'Héricourt demandaient à en finir avec ce provisoire mal défini, louche, équivoque, à être régis par une administration homogène, fut-elle ou française ou seigneuriale : toutefois nous croyons pouvoir affirmer que leurs sympathies étaient pour la France, non pas pour celle qu'ils ont appris à connaître sous les trois derniers rois, mais pour une France avec un gouvernement constitutionnel et des institutions libérales.

De tous les sujets de mécontentement qui les poussaient à demander des réformes et même le renversement de l'ordre établi, le plus grave assurément, c'était la perte de leurs anciens privilèges, de leur traditionnelle autonomie municipale. Transformé et mutilé, le Magistrat ou le Corps des Neuf, chargé d'administrer la ville et dont l'origine remontait à l'époque des Franchises accordées aux habitants d'Héricourt, 15 mars 1361 et 17 février 1374 (1), avait été réduit à sept membres ; privé de ses plus importantes attributions, puis supprimé par Edit royal en 1778 et remplacé par une commission municipale nommée par Mons^gr^ l'Intendant de Franche Comté, et naturellement tout à la dévotion du pouvoir. Et tous ces empiétements sur leurs droits étaient le triste résultat des divisions, des querelles entre protestants et catholiques, ceux-ci en petit nombre, s'imposant à la majorité des bourgeois qui ne voulaient pas les admettre dans le Magistrat. De là des plaintes à l'Intendant qui intervenait toujours en faveur de la mino-

---

(1) Affranchissement de la mainmorte, par Marguerite d'Héricourt, le 15 mars 1361; Franchises accordées aux bourgeois d'Héricourt, par Léopold et Albert d'Autriche, le 17 février 1374. *(Archives d'Héricourt.)*

rité qui avait toutes ses sympathies, en bouleversant l'économie communale et en privant les bourgeois de leurs libertés.

Telle est, en un mot, toute l'histoire municipale pendant le cours du dix-huitième siècle.

Donc, par ces motifs dont nous n'indiquons que les plus importants, ils désiraient, ils réclamaient des réformes. La Révolution, qui grondait à l'horizon, allait-elle leur rendre leurs libertés perdues ? Ils l'espéraient avec l'ardeur de cette foi qui transporte les montagnes — cela est toujours une force. — Combien, hélas ! ils devaient être déçus !

Le cahier des Remontrances, plaintes et doléances que les habitants d'Héricourt rédigèrent, pour être soumis aux Etats Généraux de 1789, nous redira la nature et l'étendue des réformes qu'ils réclamaient pour « aboutir à l'établis-
« sement d'un ordre fixe et durable dans toutes les bran-
« ches de l'administration.

On y verra surtout avec quelle énergie, avec quelle élévation de pensée et d'expressions, les députés luthériens s'élevaient contre l'arbitraire d'un régime qui confisquait leurs revenus, méconnaissait leurs droits, et les opprimait dans leur culte.

« Il est dur, disaient-ils, pour les naturels d'un pays
« qui en supportent toutes les charges, qui paient de leur
« personne et de leur bourse pour sa défense et celle de
« l'Etat, qui en sont la plupart les pères nourriciers,
« d'être chez eux, sur leurs propres foyers, à la merci
« d'une poignée de nouveaux hôtes, appuyés du crédit
« des tribunaux... »

Puis rappelant l'inexécution des traités, lettres et déclarations les concernant, ils ajoutaient :

« La gloire de la nation, la justice et le bien de l'Etat
« demandant leur réalisation :

« La gloire de la nation, parce que le Roy l'a solennel-
« lement juré ;

« La justice, parce que les protestants, exposés par cette

« inexécution à un régime arbitraire, sont les victimes « du caprice du premier qui s'avise de les vexer ;

« Le bien du royaume, enfin, parce que ces vexations « multipliées et variées découragent ces citoyens utiles, « les forcent à quitter leur pays et à laisser en friches des « terres qui, bien conservées fourniront davantage à l'ai- « sance publique... » C'est un état de choses forcé auquel la sagesse du gouvernement doit y apporter un prompt remède.

CHAPITRE Ier

Les Cahiers de 89

19 Mars 1789.

Remontrances, Plaintes et Doléances que les Habitants d'Héricourt, en Franche-Comté, Bailliage de Vesoul, de l'ordre du *Tiers-Etat*, présentent à l'assemblée générale dud. Bailliage, par le fait des sieurs *Claude-François Migneret*, *François Verpillot*, les deux catholiques, ce dernier non compris aux rôles d'impositions; *Jean-Christophe Perdrizet* et *Pierre-Christophe Noblot*, ceux-ci luthériens (1), leurs députés, nommés le présent jour — 19 mars 1789 -- pour les dites Remontrances, Plaintes et Doléances, être mises sous les yeux du Roy, des Etats Généraux du Royaume, convoqués par *Sa Majesté* à Versailles (2), et pour être insérés au *Cahier général* des Doléances dud. Bailliage.

Sa Majesté est très respectueusement suppliée d'accorder, vouloir et ordonner ce qui suit :

Art. 1er. — Convocation des Etats-Généraux tous les cinq ans.

Que les Etats Généraux du Royaume soient assemblés tous les cinq ans.

Art. 2. — Création d'Etats particuliers à la Franche Comté.

Qu'il sera accordé des Etats particuliers à cette province de Franche Comté, qui entreront en exercice immé-

(1) A partir de 1761, le Magistrat ou Corps des Officiers municipaux d'Héricourt, ne comptait plus que sept membres; quatre catholiques, dont le président et trois luthériens. (*Edits royaux, novembre 1771 et 28 novembre 1773. (Archives d'Héricourt.)*

(2) Convocation des Etats-Généraux, à Versailles, le 5 mai 1789.

diatement, après la tenue des Etats-Généraux, et seront organisés suivant le plan présenté par les gens du Tiers-Etat et formé à l'assemblée tenue à Besançon, en vertu de l'arrêt du Conseil du 1er novembre 1788, sauf en ce qui touche la condition des quatre degrés de Noblesse, requise pour l'égibibilité de la Noblesse, laquelle condition demeurera pour nulle et non avenue; que le lieu de la tenue desdits Etats particuliers sera fixé à Dôle et ensuite à la détermination desd. Etats;

Et ne pourront les cours souveraines se mêler directement, ni indirectement du régime, administration et délibérés des Etats.

Art. 3. — L'impôt voté par les Etats-Généraux.

Qu'aucun impôt ne pourra être continué, qu'il n'ait eté renouvelé à chaque tenue des Etats-Généraux.

Art. 4. — Suppression de l'impôt à défaut de convocation des Etats-Généraux.

Qu'à défaut de convocation des Etats-Généraux, suivant le vœu qu'en aura pris la dernière assemblée, tous les impôts cesseront de plein droit jusqu'à la dite convocation effectuée.

Art. 5. — Abolition des privilèges et exemptions en matière d'impôts.

Que tous les privilèges et exemptions, qu'elle qu'en soit la cause, demeureront abolis pour jamais en matière d'impôts, charges publiques, réelles, personnelles, mixtes et locales; de manière qu'à l'avenir la contribution aux dites charges soit toujours en proportion des propriétés et facultés respectives, et que tous impôts devant tourner au profit de l'Etat et pour charge d'icelui, seront permis en vertu d'un seul et même rôle,

Art. 6. — Suppression du casuel des prêtres.

Que les portions congrues actuelles des curés et vicaires seront augmentées sur les dixmes; et à défaut des dixmes par la suppression et réunion d'autant de bénéfices simples ecclésiastiques qu'il en sera nécessaire ; le casuel desdits curés, supprimé soit dans les villes, soit dans les campagnes.

Art 7. — Réforme du tirage de la milice.

Que la forme du tirage de la milice sera abrogée, et il y sera pourvu par les Etats de la province de manière à éviter les frais immenses qu'elle occasionne.

Art. 8. — Défense aux seigneurs de destituer les officiers de justice.

Que les Seigneurs ne pourront destituer leurs officiers de justice, si ce n'est pour juste cause ; qu'ils seront tenus d'exprimer dans les actes des destitutions, et dont ils seront obligés de justifier de tout dépens, dommages et intérêts.

Art. 9. — Les Seigneurs seront tenus de rendre la justice gratuitement.

Qu'attendu que les Seigneurs ont les épaves, amendes, confiscations, et tous fruits de la justice, ils seront tenus de la faire rendre gratuitement et sans frais, ni dépens par leurs officiers ; qu'ils seront salariés jusqu'à sentence inclusivement, vu le rôle fait et relevé des amendes après la tenue ; icelui visé par le juge déclaré exécutoire et publié par le sergent à l'issue de la messe paroissiale et du sermon des luthériens du premier dimanche qui suivra la tenue avec sommation générale de payer dans trois jours, et à défaut, permis de relever les sentences de condamnation aux frais des condamnés et les poursuivre suivant que tout est usité dans le ressort du bailliage de Langres, limitrophe de celui d'Amont, d'après le règlement du même bailliage, sous date du 31 mars 1769, homologué au parlement de Paris le 3 septembre 1770.

Art. 10. — Abolition de la mainmorte personnelle.

Que la mainmorte personnelle sera abolie par tout le

royaume, même la réelle dans tout bénéficier, séculier ou régulier, sans indemnité, et qu'elle sera aussi abolie dans les terres des laïcs, moyennant indemnité.

Art. 11. — Suppression de l'amodiation des amendes de justice.

Que les amendes des justices des Seigneurs, laïcs, ecclésiastiques, séculiers ou réguliers ne pourront être amodiées en tout ou en partie ; et en cas de contravention lesdites amendes seront appliquées au profit des fabriques des lieux.

Art. 12. — Code de lois pénales propres à la Franche-Comté.

Qu'attendu l'excessive charge sous laquelle gémissent les habitants des campagnes par le taux des amendes et peines réglées pour fait de police intérieure ou champêtre, mésus et délits dont tous les genres ont été multipliés à l'infini, ce qui leur devient plus onéreux et plus ruineux que les impôts et charges de l'Etat, *Sa Majesté* est très humblement suppliée d'abolir et annuler toutes ordonnances, lois et arrêts de règlements du Parlement, portés jusqu'à présent fixant les peines et amendes pour fait de police champêtre et intérieure, en donnant pouvoir aux Etats qui seront accordés à la province de Franche-Comté de former un code de loix pénales et un règlement sur cette matière pour icelui être sans délai envoyé à Sa Majesté et être par Elle sanctionné.

Art. 13. — Organisation des pouvoirs judiciaires. Suppression des Tribunaux d'exception.

Que tout justiciable ne pourra subir que deux degrés de juridiction, en toute matière; les formes de procéder et de régler les dépens adjugés, changées de manière à opérer la diminution desdits dépens; les justiciables rapprochés des juridictions; la vénalité de tous les offices de judicature supprimée; le remboursement desdits offices fait par les provinces; les offices donnés au mérite et remplis par des juges élus par les Etats de la province qui présenteront à Sa Majesté un nombre de sujets dans lequel elle retiendra celui qui lui plaira ; les tribunaux d'exception également supprimés; la partie contentieuse et judiciaire attribuée aux juges royaux et ordinaires et la partie administrative réservée au régime des Etats de la province.

Art. 14. — Emploi des deniers de la vente des quarts en réserve.

Que le prix des ventes des quarts en réserve des communautés ne pourra sortir de la province et sera versé entre les mains du trésorier des Etats.

Art. 15. — Abolition de toute banalité, servitudes, etc.

Que les Etats de la province seront tenus d'incessamment s'occuper du plan de réformation et d'abolition de toute banalité, servitudes et charges réelles et personnelles dont les biens et individus pourront être affectés dans la dite province et de l'abolition de tout droit abusif ou contraire au bien public, ainsi que de la manière de pourvoir à l'indemnité des dits droits et à la fixation du prix de la même indemnité, pour le dit plan être envoyé à Sa Majesté et de suite sanctionné.

Art. 16. — Uniformité des poids et mesures.

Qu'il y aura dans toute l'étendue du royaume une uniformité de poids et mesures et que les poids et mesures portés au titre et terriers des seigneurs seront réduits aux poids et mesures adoptés par les Etats-Généraux.

Art. 17. — Réglementation de l'usufruit des bois communaux.

Que les Seigneurs qui auront obtenu le triage dans les bois des communautés ne pourront rien prétendre non plus que leurs censitaires à perpétuité dans la part qui reste aux habitants, les ascensements eussent ils été antérieurs à l'obtention du triage ;

Qu'ils ne pourront non plus rien répéter sous prétexte

de réunion par acquisition ou autrement depuis la même obtention ; et qu'à l'égard des seigneurs qui n'ont point de triage, ils ne pourront prétendre dans les usages ordinaires des communes qu'une part proportionnnée aux impositions qu'ils supporteront et rien de plus.

Art. 18. — Parents et famille d'un supplicié.

Qu'il ne pourra résulter aucune tache ou infâmie contre les parents et famille d'un supplicié.

Art. 19. — Droit des gardes particuliers.

Que le nombre des gardes des seigneurs sera fixé en proportion de l'étendue des territoires, leurs gages réglés à un taux capable de les faire subsister, les dits gardes devant borner leurs fonctions à veiller à la chasse, pêche et police intérieure, ainsi qu'à la garde des bois des seigneurs, sans pouvoir faire de rapports dans les bois des communautés, ni en raison des délits champêtres, attendu que les communautés ont leurs forestiers pour la garde de leurs bois et leurs messiers pour la conservation des fruits de leur territoire.

Art. 20. — Police des cours d'eau.

Que les Etats qui seront accordés à la province seront autorisés à faire régler le niveau de la hauteur des seuils de toute usine, ainsi que de toutes digues, écluses, arrêts d'eau, de manière à empêcher le reflux et l'épanchement des eaux dans les terres et prairies, et les dégâts qui y sont occasionnés par la trop grande élévation des dits seuils, écluses, digues et arrêts d'eau, et en faire exécuter la réduction.

Art. 21. — Destruction des hauts-fourneaux.

Que toutes les forges, fourneaux et usines établies dans la province de Franche Comté depuis trente années seront détruits de même que toutes celles plus anciennes dont les propriétaires n'auront pas forêts en toute propriété suffisante à leur roulement pendant six mois de chaque année.

Art. 22. — Débit du sel de Saulnot.

Que le débit du sel de Saulnot soit attribué au corps municipal comme d'ancienneté.

Art. 23. — Libre échange dans l'étendue du Royaume.

Que la circulation du commerce soit libre dans tout le Royaume.

Art. 24. — Rétablissement d'un Contrôleur à Héricourt.

Que le contrôle des actes qui a été transféré d'Héricourt à Arcey situé à deux lieues de distance du siège, soit rétabli aud. Héricourt, comme d'ancienneté.

Art. 25. — Création des suppléants de Justice de paix.

Qu'un seul juge subalterne soit assisté de deux assesseurs dans tous les jugements.

Art. 26. — Rétablissement des portes de la ville. (1)

Que les portes de la ville d'Héricourt qui ont été détruites par ordonnance de M. l'Intendant soient reconstruites aux frais de la province.

Art. 27. — Des quartes de four comme d'ancienneté.

Que les droits seigneuriaux, quartes de four et autres seront limités, ensuite des titres de franchises.

Art. 28. — Destruction des sangliers et autres bêtes fauves.

Que les sangliers et autres bêtes fauves qui ravagent les campagnes de cette ville, et les environs soient détruits ou que le Seigneur soit tenu de « dédommager » les propriétaires des héritages et qu'à cet effet la chasse soit permise aux bourgeois et habitants.

---

(1) La démolition des portes de la ville d'Héricourt fut exigée par M. Querrel, ingénieur, en octobre 1786, lors de la construction de la route de Strasbourg à Lyon.

Art. 29.— Obligation aux officiers municipaux de rendre compte de la gestion des finances de la commune.

Que le receveur et les officiers municipaux soient tenus de faire révision des comptes depuis leur installation par devant commissaires à désigner à la suite, à tel usage qu'il appartiendra même au profit du Roy.

Art. 30. — Election du Magistrat comme d'ancienneté.

Que les élections des officiers municipaux, tant catholiques que protestants soient faites telles qu'elles étaient avant la nomination des officiers actuels, conformément aux anciens usages et privilèges des bourgeois aud. Héricourt.

Art. 31. — Suppression de la régie des cuirs.

Que la régie des cuirs soit supprimée.

Art. 32. — Adjudication de l'entretien des routes.

Que l'entretien des routes sera marchandé par les officiers municipaux pour le prix en être payé par chaque particulier au prix des impositions ordinaires.

AVANT-PROPOS

Un écrivain a dit : Il est parfois utile de compulser les archives, de fureter dans les vieux papiers pour rappeler aux générations actuelles l'histoire de nos pères, et d'éveiller en elles l'amour de la terre natale.

Tel a été notre but en publiant cette modeste étude, en laquelle nous nous sommes surtout attaché à placer sous les yeux du lecteur les principaux événements d'une époque qui déjà s'estompe dans les brumes du passé, à esquisser les épisodes les plus saillants de la période si touffue, si pleine d'intérêt de la Révolution française.

En plaçant en tête de cette Notice « *les Cahiers de 89* » de nos ancêtres, nous avons tenu à faire revivre quelques instants cette époque de rénovation et de régénération sociales en partie oubliée et ignorée du plus grand nombre de nos concitoyens, à montrer leur état social, leur mentalité, et dans leurs *Remontrances, Plaintes et Doléances*, leurs désirs, leurs aspirations vers plus de liberté, de justice et de mieux être.

Dans l'exposé de l'état troublé de la religion, de ses vicissitudes, des deux essais non viables de nouveaux cultes, œuvres d'idéologues qui, à peine instaurés devaient tomber dans l'oubli le plus profond, nous avons mis en parallèle la situation agitée d'alors avec la crise religieuse actuelle. Le lecteur attentif reconnaîtra aisément que toujours les mêmes causes produisent les mêmes effet à savoir que l'esprit de domination, ou politique ou religieuse, poussé à l'excès, excluant tous les progrès, annihilant toutes les réformes, écrasant toutes les initiatives, conduit fatalement aux pires catastrophes, confirmant une fois de plus cette vérité banale « qu'il n'y a rien de nouveau sous le soleil », disons mieux, « que l'histoire se répète ».

Dans le cours de cette étude, et dans le but de serrer de plus près la vérité historique, nous nous sommes imposé la règle de placer sous les yeux du lecteur le texte intégral des documents contenant le fonds, l'essence même de notre sujet, nous bornant à les éclairer d'un mot d'introduction ou à les faire suivre de quelques courtes explications. Nous avons mis à contribution les archives d'Héricourt, de Vesoul, de Paris, grâce à l'obligeance d'amis dévoués; de même aussi les archives des deux paroisses d'Héricourt nous ont été gracieusement entr'ouvertes. A tous, nous adressons l'expression de notre sincère reconnaissance.

Héricourt, 1er Mars 1908. CH. C.

Doléances des Protestants

Après les demandes de réformes d'intérêt général, voici celles d'ordre privé, d'ordre confessionnel. Ce sont celles que les protestants formulent sous la signature de leurs représentants, tant en leur nom qu'en celui de leurs coreligionnaires, des quatre seigneuries Blamont, Clémont, Héricourt et Chatelot. C'est l'expression de toutes les colères amassées dans le cœur des luthériens contre les iniquités et les outrages dont ils étaient les victimes depuis près d'un siècle, c'est la protestation indignée, la revendication parfois éloquente de leurs droits méconnus. (1)

Art. 1. — Restitution de leurs Eglises et de tous les revenus ecclésiastiques, affectés à l'entretien des ministres, etc.

Les protestants de la Confession d'Augsbourg, au nombre de deux cents feux passés dans la ville d'Héricourt demandent, tant en leur nom, qu'en celui de leurs frères, domiciliés dans les quatre terres Blamont, Clémont, Héricourt et Chatelot, dont ils sont les neuf dixièmes des habitants et dont ils supportent presque toutes les charges; que les traités, lettres et déclarations, nommément les lettres de Louis XIV de 1707, le traité de 1748 et les

(1) Ensuite de procuration donnée aux députés soussignés par les habitans de la ville d'Héricourt de faire tels changements et remontrances qu'ils jugeront nécessaires pour le bien des habitans de la dite ville, ils ont trouvé qu'il était nécessaire d'ajouter au *Cahier des Doléances municipales*, les articles ci-après, savoir : Signé J.-C. Perdrizet et P.-C. Noblot.

lettres subséquentes et explications de 1749, concernant leur état civil et religieux dans les dites quatre terres, ensemble la restitution de leur église, le rétablissement de leurs écoles, la restitution complète de tous les biens et revenus ecclésiastiques possédés par la maison de Wirtemberg, dès avant la paix de Nimègue-1679, et tous affectés par cette maison à l'entretien des ministres et pasteurs chargés de l'instruction du peuple et du maintien de la discipline, soient exécutés dans toute leur étendue, sans plus laisser de doute sur leur tenue. La gloire de la nation, la justice et le bien de l'Etat le demandent également : la gloire de la nation parce que le Roy l'a solennellement juré ; la justice, parce que les protestants au nombre de douze mille, exposés par cette inexécution à un régime arbitraire sont les victimes du caprice et de l'humeur du premier qui s'avise de les vexer ; le bien du Royaume enfin, parce que ces vexations multipliées, et variées à l'excès, découragent ces citoyens utiles, les forcent à quitter le pays et à laisser en friche des terres qui, bien cultivées ou conservées fourniraient plus à l'aisance publique.

Art. 2. — Création d'un Consistoire sous la direction d'un Doyen.

Qu'il soit établi pour les quatre terres un Consistoire à l'instar de ceux d'Alsace sous la direction d'un Doyen ou d'un Surintendant pour y régler les affaires matrimoniales des protestants, y maintenir la discipline et pourvoir d'autant plus surement au bien de la chose publique.

Art. 3. — Egalité de charges, égalité de fonctions.

Que les ministres des Eglises protestantes, rangés parmi le clergé de France, quand il s'agit d'en payer les redevances, et méconnus dans tout autre cas, bien qu'avoués du gouvernement et préposés à des paroisses incomparablement plus nombreuses qu'aucune des catholiques, seront désormais sur le même pied qu'en Alsace, considérés à l'égal des curés, puisque leurs fonctions sont les mêmes, convoqués et consultés comme eux dans toutes les assemblées où il est question du bien public, attendu qu'ils sont plus instruits que personne de l'état du pays et du meilleur parti qu'on peut en tirer.

Art. 4. — Egalité pour tous devant les tribunaux.

Qu'en général tous les protestants de quelque qualité qu'ils soient, et qui sont de cette communion dès avant l'union des quatre terres à l'Empire français, conséquemment sous désobéissance et sous infractions des lois, y soient protégés à l'égal des catholiques qui sont venus s'y établir depuis.

Il est dur pour les naturels d'un pays qui en supportent toutes les charges, qui paient de leur personne et de leur bourse pour sa dépense et pour celle de l'Etat, qui en sont pour la plupart les pères nourriciers, d'être chez eux, sur leurs foyers, à la merci d'une poignée de nouveaux hôtes, appuyés du crédit des tribunaux ; c'est un état forcé que la sagesse du gouvernement doit faire cesser.

Art. 5. — Création de deux régents d'école.

Les protestants d'Héricourt demandent en particulier qu'ils aient deux régents d'école, gagés et salariés sur les revenus patrimoniaux de la dite ville ; un seul, vu la population, étant incapable de suffire et d'apporter les soins nécessaires à l'instruction de leurs enfants.

Art. 6. — Egalité de gages entre les maîtresses d'école.

Que la maîtresse d'école jouisse des mêmes gages et salaires que la maîtresse d'école catholique dont les appointements sont de cent livres.

Art. 7. — Remise aux protestants des 2/3 des legs dont les catholiques les ont dépouillés.

Que les deux tiers des fonds du pieux légat fait par

d'anciens bourgeois de la communion protestante (¹), et les revenus en provenant dont les catholiques se sont emparés pour la moitié soient remis à la disposition et administration plénière des protestants qui a raison de leur nombre y ont sans-contredit le droit le plus incontestable.

Art. 8. — Réparations du presbytère protestant à la charge de la ville.

Que les réparations locatives ou autres ouvrages nécessaires à faire dans la maison du ministre construite par arrêt du Roy, aux frais de la commune, ne soient plus désormais de la part des catholiques un sujet de contestations.

Art. 9. — Inobservation des heures du service divin.

Que le curé d'Héricourt suive exactement le prescrit de Monsieur l'Archevêque, pour les heures auxquelles le service divin doit se célébrer dans toutes les paroisses du diocèse.

---

(1) Allusion aux legs Rosselot et Barbauld d'un capital de 5000 francs. On lit dans les *Ephémérides*, sous la date du 25 avril 1667 : « Etienne Rosselot, greffier d'Héricourt, lègue un capital de 4000 francs forts, dont le revenu doit être employé au profit de trois veuves et de sept orphelins, au choix du bailli de la terre, du ministre de la ville et de quelques-uns de ses parents. « pour les vêtir, entretenir, envoyer aux écoles, et apprendre des métiers pendant quatre ans. » (Duvernoy, *Ephémérides du Comté de Montbéliard*.

Gaspard Barbauld, descendant d'une ancienne famille d'Héricourt, seigneur de Florimont (Hte-Alsace), lègue par testament, du 16 mai 1691, à la paroisse d'Héricourt, un capital de mille livres tournois, dont le revenu doit être employé « au profit de six pauvres garçons ou filles pour les envoyer à l'école pendant quatre ans, apprendre un métier aux garçons et la couture aux filles ».

« Les revenus de ces deux fondations pieuses, employés jusqu'alors, comme il vient d'être dit, excitèrent l'envie et la jalousie du curé Briot qui voulut y avoir sa part. Sur le refus du pasteur Georges-Frédéric Tuefferd de partager avec lui, il adressa des représentations à l'intendant M. de Vanolles qui, par ordonnance du 25 mars 1735, autorisa le dit curé à partager, par égale portion, les revenus des deux legs avec les luthériens ». A. Chenot. *L'Eglise d'Héricourt sous la domination française.)*

Art. 10. — Maintien du statu quo.

Que les échanges projetés entre le Roy et le duc de Wurtemberg ne soient point exécutées. (¹)

Signé : J.-C. Perdrizet et P.-C. Noblot.

Tel est ce document historique qui nous retrace l'état social de nos pères, leurs souffrances, leurs désirs, leur idéal politique, économique et religieux. Programme

---

(1) *Assemblée générale du Tiers-Etat de la Ville d'Héricourt, 16 mars 1789.*

Les articles des Doléances, ci-dessus ont été lus, approuvés et arrêtés en l'Assemblée générale du Tiers Etat de la ville d'Héricourt, le 16 mars 1789, et séance tenante, « il fut procédé à l'élection des dé- « putés chargés de présenter le *Cahier des Doléances* de la Commu- « nauté d'Héricourt à l'Assemblée générale qui devait se réunir le 29 « mars à Vesoul, sous la présidence de M. le Lieutenant-Général, pour « absence de M. le Comte d'Esternoz, grand bailli d'Amont, »

Deux cent vingt électeurs, sujets français ou naturalisés, âgés de 25 ans et compris dans les rôles d'impositions se présentèrent au scrutin et portèrent leurs suffrages en faveur des sieurs *Claude-François Migneret* fils et *François Verpillot*, — les deux catholiques, ce dernier non compris dans les rôles d'impositions, — *Jean-Christophe Perdrizet* et *Pierre-Christophe Noblot*, ceux-ci luthériens qui acceptèrent la commission et promirent de s'en acquitter fidèlement ;

Et ont lesdits bourgeois et habitants, ayant l'usage des lettres, signé : Monnoye, Schom, Hécart, P. Lods, G.-Fr. Guichard, Jourdain, tous membres du corps des officiers municipaux.

Suivent cent vingt-six signatures, sur deux cent vingt électeurs, les autres ayant déclaré être illettrés.

Plus bas on lit : Coté, paraphé « *ne varietur* » au désir du Règlement par nous, notaires royaux : Ligey et Frézard, Bernard, avocat et bailli d'Héricourt.

La discussion des articles de ce vaste programme de réformes ne paraît pas avoir soulevé de discussions passionnées parmi le corps électoral d'Héricourt : ils étaient l'expression des aspirations de la grande majorité des électeurs. Seuls, les articles 29 et 30 des doléances générales qui renferment un blâme à l'adresse des Officiers municipaux, excitèrent de vives réclamations de la part des membres incriminés. Cela résulte clairement d'une note du sieur P. Monnaye, chef de la municipalité et signée de tous ses collègues où il est dit « que les réclamations énoncées dans les dits articles n'ont été insé- « rées au *Cahier des doléances* qu'à la sollicitation des sieurs *Jean-*

complet, vaste, encore qu'un peu confus, sans beaucoup de suite, ni d'enchaînement dans les idées; touchant à toutes les questions essentielles, il énumère en ses nombreux articles la plupart des réformes que nous a léguées la Révolution française.

Le plus grand nombre des Cahiers de 89, « ces monuments de la France », ainsi que Chateaubriand les a si justement qualifiés, avaient été discutés et rédigés en des réunions préparatoires, par des hommes aux idées larges et avancées, des légistes, des penseurs, fort au courant des besoins du Tiers-Etat et des questions qu'il avait le plus à cœur de voir résolues et appliquées.

En ce qui concerne le cahier de la bourgeoisie d'Héricourt qui nous occupe, nous ignorons par qui et où il a été préparé. Et quant au manque d'ordre dans les matières qui font l'objet des doléances, — et ceci ne vise que les dix derniers articles du Cahier, — il est fort probable que lors de la discussion, en l'assemblée populaire, les projets de réformes aient été inscrits, à la hâte, sans aucun souci de plan, ni de cohésion des matières. Quoi qu'il en soit, un seul cahier dut servir de modèle à toutes les

---

« *Christophe Perdrizet* et *Pierre Christ. Noblot* pour animer la ma-
« jeure partie du peuple contre le corps municipal et s'en procurer
« les suffrages. Les dits officiers municipaux ne se sont jamais refusés
« à des révisions de compte, on ne leur a jamais demandé ni proposé
« que dans ces présentes circonstances. »

Les dits sieurs Perdrizet et autres, tant sujets catholiques que luthériens se sont écriés hautement à l'assemblée générale « *que les officiers municipaux ne pouraient être députés.* »

« Quant à l'art. 29 du présent Cahier, les officiers municipaux n'ont aucune manutention des deniers de la ville, ni royaux; tous se versent à la Caisse du Receveur préposé et nommé légalement à cet effet, lequel rend annuellement ses comptes devant quatre auditeurs tant municipaux que notables, assistés du secrétaire, lesquels comptes sont de suite révisés par une assemblée générale des deux corps et ensuite arrêtés par M. l'Intendant. Signé : Monnoye, Schom, Hécart, P. Lods, G.-F. Guichard, Jourdain.

Cette attaque violente des électeurs *Perdrizet* et *Noblot* avait évidemment pour but de faire échec à la candidature des Officiers municipaux, dont aucun ne fut élu « député ».

communes de l'ancienne Seigneurie d'Héricourt, dont les cahiers respectifs reproduisent les quinze ou vingts premiers articles dans le même ordre et les mêmes expressions. Les doléances locales, quelquefois mêmes professionnelles, viennent ensuite, et il y en a de singulières.

Celles que les luthériens présentèrent sous la signature de leurs députés Perdrizet et Noblot, émanent d'une plume élégante et dénotent un personnage ayant une grande expérience des affaires religieuses. On attribue cette éloquente et énergique réclamation au pasteur de Blamont, Georges-Louis Kilg (1) qui se fit l'avocat de ses coreligionnaires, et entreprit la noble tâche de mettre un terme aux criantes iniquités dont étaient victimes les protestants des quatre terres d'Héricourt, Blamont, Clémont et Chatelot.

On sait que ses efforts furent couronnés de succès. L'Assemblée nationale, par un décret du 9-18 septembre 1790, remet les protestants en possession du libre exercice de leur culte.

---

(1) G.-L. Kilg naquit à Montbéliard le 7 septembre 1742. D'une famille originaire d'Augsbourg, son père, bourgeois de Montbéliard, y exerçait la profession de notaire. Le jeune Kilg embrassa la carrière pastorale et fut nommé en la paroisse de Blamont en juin 1776. Dans le courant de l'été 1790, il se rendit à Paris, où il réclama auprès de l'Assemblée nationale, la « restitution des temples et des biens ecclésiastiques des protestants injustement usurpés. » Voyez *Notice historique sur le pays de Montbéliard*, par Ch. Roy, p. 144.

CHAPITRE II

Soulèvement des paysans. — Sac et pillage de l'abbaye de Lure, celle des Trois-Rois à L'Isle-sur-le-Doubs et la Saline de Saulnot.

(23 Juillet 1789)

Après les évènements qui signalèrent les premiers actes des Etats-Généraux, après la prise de la Bastille, dont la nouvelle se transmit comme l'éclair, l'insurrection triomphante à Paris se propagea dans les provinces; les paysans se soulevèrent en masse, pillèrent et brûlèrent les châteaux, les couvents, les abbayes et se livrèrent à d'épouvantables excès. Revanche terrible et sanglante à jamais déplorable, contre la tyrannie qui avait rempli leur cœur de haines et de colères !

Héricourt fut calme, et nous pouvons affirmer que nos compatriotes ne se mêlèrent pas au soulèvement des populations environnantes qui saccagèrent l'abbaye de Lure, celle des Trois Rois, près de l'Isle sur le Doubs, et la saline de Saulnot, le 23 juillet 1789. Héricourt se trouvant à une certaine distance de ces localités, on comprend l'attitude tranquille et calme de ses habitants pendant ces tragiques évènements. Non pas, certes, que les éléments de désordre manquassent : dans toute agglomération de population, il s'y trouve toujours des partisans d'émeute. (1)

(1) En 1794, la population d'Héricourt était de 1511 habitants. *Délibération du Conseil municipal.*

Un rapport du dernier bailli d'Héricourt, Georges Bernard, rapport adressé au Stathouder Frédéric-Eugène de Montbéliard pour lui renouveler les témoignages d'attachement et de fidélité des sujets sous ses ordres, nous apprend que jusqu'à ce jour (1er août 1789) « la tranquil- « lité fut complète à Héricourt, et que seuls, ses habitants « ne prirent point les armes et ne firent ni garde de jour, « ni patrouille de nuit. »

Ces dispositions pacifiques ne devaient pas durer longtemps, ainsi que le démontrera la relation suivante.

Arrestation d'un convoi de vivres

Réclamations du Stathouder Frédéric-Eugène.

(20 Sept. — 4 Décembre 1789)

Vers le 20 septembre 1789, un convoi de vivres que des habitants de Couthenans et des villages des Bois, conduisaient à Montbéliard est arrêté et pillé impunément par les « gens d'Héricourt ». Si nous rapportons ce fait divers qui n'a qu'une importance fort secondaire et la lettre du Stathouder Frédéric-Eugène qui le dénonce ainsi que d'autres, à l'administration centrale à Paris, c'est afin de mieux montrer l'état de trouble et d'anarchie à cette époque.

A Monsieur de Rieger, représentant du Wurtemberg à Paris (4 décembre 1789).

« Monsieur, vous ne pouvez manquer de vous rappeler que je vous ait fait part dans plusieurs lettres des désordres et des excès commis sur les frontières de ce pays par des sujets français qui tiraient impitoyablement sur les nôtres, lorsqu'ils traversaient leur territoire avec des denrées ; que j'avais été obligé de m'en plainre à M. de Langeron, commandant de la province de Franche Comté, et qu'on avait même prononcé à Héricourt une *confiscation de grains provenant des villages des Bois* [1].

---

(1) Les villages des Bois étaient au nombre de cinq : Belverne, Etobon, Frédéric-Fontaine, Clairegoutte et Magny d'Anigon. (Voir « *Affaire des villages des Bois. Notice historique sur le Pays de Montbéliard* » par Ch. Roy, pasteur.

Dans la vue de prévenir des désagréments multipliés et l'enlèvement des denrées de subsistances nécessaires au pays, j'ai envoyé, depuis quelque temps, des patrouilles sur les frontières pour protéger le transport de ce que les sujets des villages de la souveraineté enclavés en France amenaient aux marchés de la ville de Montbéliard.

Les gens d'Héricourt, se voyant empêchés de *continuer leurs rapines* et désespérant de vivre de leurs brigandages, ont eu recours à la plus infâme fourberie.

Ils doivent, à ce que l'on assure, avoir dressé un procès-verbal, portant que le maire et les échevins de Vyans, avaient porté plainte au *Comité d'Héricourt*, que l'un de mes fils, à la tête d'une patrouille de trente hommes à cheval, avait traversé le 21 novembre dernier, les champs ensemencés de ce village, auxquels ils avaient causé beaucoup de dommages, et qu'ils avaient « déclaré aud. lieu que s'ils trouvaient la patrouille d'Héricourt, ils la maltraiteraient; que d'ailleurs, on tirait, par un commerce illicite, beaucoup de grains de la province.

Ce procès verbal est d'une fausseté impardonnable puisqu'aucun de mes fils n'a jamais marché à la tête d'une patrouille ;

Que je n'ai jamais envoyé trente hommes sur la frontière ;

Que les neuf hommes que j'y ai envoyés le 21 novembre n'ont causé aucun dommage sur les terres ensemencées, comme il est prouvé par le certificat ci-joint du maire de Vyans ;

Enfin, quand à l'extraction de grains étrangers, nous sommes trop surveillés, et nos voisins sont trop fiers de la force qu'on a mise entre leurs mains et trop attentifs à tirer parti de tout, pour que nous puissions faire entrer aucuns autres grains dans ce pays que ceux achetés en Allemagne. Encore faut il se conformer très scrupuleusement aux règles prescrites par le transit.

Comme j'apprends que le Comité d'Héricourt aura l'audace d'envoyer le procès verbal qu'il a dressé tant au Comité de Besançon qu'à l'Assemblée nationale, j'ai cru devoir vous en prévenir, Monsieur, afin que vous puissiez rendre compte du détail fidèle que je vous fais, soit au ministre du Roi, soit à quelque Député de l'Assemblée nationale, afin de dissiper les mauvaises impressions que le faux rapport d'Héricourt pourrait produire, et de témoigner au contraire combien j'ai tâché jusqu'ici d'entretenir un bon voisinage.

Je dois, au surplus, vous faire observer que l'on ne peut pas trouver mauvais que je fasse traverser par des gens armés quelques parties du territoire de France pour aller d'un lieu de la « Souveraineté » à l'autre pourvu qu'ils ne fassent aucun acte d'autorité et qu'ils ne s'y arrêtent pas. C'est une réciprocité qu'on peut d'autant moins refuser que chaque jour à peu près, les troupes françaises passent sur cette souveraineté puisqu'elles ne peuvent se rendre d'Alsace en Franche-Comté, sans traverser des villages de la Souveraineté de Montbéliard.

Je suis persuadé que si l'on demandait à M. de Langeron, commandant à Besançon, des renseignements sur les indignes procédés des gens d'Héricourt, il ne manquerait pas de les dépeindre sous les plus noires couleurs, car il a une telle défiance d'eux qu'il n'a pas voulu leur envoyer des armes qu'ils lui demandaient et qu'ils ont été obligés de s'en procurer à leurs frais.

Je suis, avec une très parfaite considération, etc.

Signé : Frédéric Eugène de Wurtemberg [1 & 2].

---

(1) Archives de Vesoul. — (2) Frédéric-Eugène quitta Montbéliard dans la nuit du 27 avril 1792, avec toute sa famille ; il se réfugia d'abord à Bâle, puis en Wurtemberg. Il ne devait plus rester en sa Souveraineté.

CHAPITRE III

L'Ancien Magistrat disparaît. — Décembre 1789 : **Comité provisoire.** — 14 Décembre : **Elections municipales ordonnées par « Lettres patentes de Louis XVI »** fixées au 31 Janvier 1790.

Ce qui restait de l'ancien « Magistrat » libre, indépendant, maintenant mutilé et asservi et que l'autoritaire Pierre Monnaye seul représentait, subsista jusqu'en décembre 1789.

Ce fut là son terme.

En exécution d'ordres royaux, il fut établi un *Comité provisoire* faisant fonction de municipalité. Ce comité avait surtout pour mission de présider aux élections municipales ordonnées par « lettres patentes de Louis XVI », et par une « Instruction circulaire » en date du 14 décembre du même mois.

Ces élections devaient avoir lieu à la fin de janvier 1790; leur but était de nommer un « maire », cinq officiers municipaux et un corps de Dix Notables.

Le suffrage populaire fut de nouveau appelé à élire la municipalité. On se rappelle que ce droit lui avait été enlevé en 1773. (1)

Comité provisoire.

Qui le proposa, qui le nomma ? Nous n'avons rien de précis à ce sujet. Des libéraux, assurément; des hommes

(1) Voir Ordonnance concernant les élections de 1773. Organisation Municipale de la ville d'Héricourt. (En préparation).

acquis aux idées nouvelles, aux idées de réformes que les députés du Tiers devaient imposer à la Royauté, à la nation. [1]

Les chefs de l'ancien corps municipal, les favoris du pouvoir, ne sont point à la tête de ce Comité. Par contre, nous y voyons figurer en première ligne, après le Président, dont nous dirons un mot un peu plus loin, Christophe-Frédéric Boigeol, l'interdit, l'excommunié de l'ancien magistrat; Jean-Christophe Perdrizet, le citoyen généreux qui, aux jours sombres, où la patrie en danger appellera ses enfants à la frontière, fera don à la nation d'un défenseur qu'il équipera et entretiendra, à ses frais, pendant la durée de la guerre (oct. 1792); le docteur Pierre Lubert, le futur premier maire constitutionnel qui, en cette qualité devait envoyer à l'Assemblée nationale une magistrale « Adresse » tout imprégnée d'un souffle révolutionnaire mâle et énergique; et les Méquillet, les P.-C. Noblot, les Nardin, etc., tous partisans de la Révolution qui grondait à l'horizon.

Quant au président Georges Bernard, nous ne savons d'où il sort. Ce n'est point un des anciens bourgeois d'Héricourt. C'est un fonctionnaire. Il était juge seigneurial [2] et peu favorable aux idées nouvelles, comme en général tout ceux qui vivaient de l'ancien régime, et qui se sentaient menacés dans leur situation. La politique de tout temps a été affaire d'intérêt personnel.

---

(1) Georges Bernard, Président; Christophe-Frédéric Boigeol; Jean-Christophe Perdrizet; Théodore Myller; G.-Fçois Fiereck; Pierre Lubert; Claude-François Migneret; J.-F. Méquillet; Jean-Henry Verpillot; Jean-Georges Nardin; Pierre-Christophe Noblot; Ligey fils; Jourdain; Claude-Nicolas Frézard.

(2) G. Bernard, bailli d'Héricourt, était en même temps juge seigneurial, au service du Prince de Montbéliard. Il faut se rappeler que les Seigneurs souverains de Montbéliard — Montbéliard ne fut réuni à la France qu'en 1793 — avaient conservé en l'ancienne seigneurie d'Héricourt, outre « *le domaine utile* » certains droits de juridiction.

Elections du 31 Janvier 1790.

Les élections eurent lieu le 21 janvier 1790.

Tous les « citoyens actifs » convoqués à l'hôtel-de-ville par les soins du Comité provisoire, se trouvèrent après dénombrement, être au nombre de cent cinq (105) électeurs.

Les trois plus anciens d'âge, appelés au bureau pour remplir les fonctions de scrutateurs, furent : Pierre Monnoye, ex-échevin, âgé de 74 ans ; Gérard Frézard, âgé de 71 ans et Jean-Henry Vurpillot, âgé de 67 ans.

Immédiatement il fut procédé à l'élection d'un président et d'un secrétaire.

Les 105 électeurs présents, ayant voté à bulletins secrets, le dépouillement donna le résultat suivant :

Président : Pierre-Christophe Minal, négociant.

Secrétaire : Claude-Nicolas Frézard, notaire royal.

Les 3 scrutateurs nommés également au bulletin furent : Jean Christophe Perdrizet, négociant, Christophe-Frédéric Boigeol, négociant et Claude-François Leroux, greffier du bailliage d'Héricourt.

Le bureau ainsi composé, on procéda, séance tenante à l'élection du maire.

Cent cinq électeurs y prirent part. Le dépouillement ne donna pas de résultat ; aucun des concurrents n'avait réuni la majorité, c'est-à-dire la moitié des suffrages plus un. Il servit toutefois de base et indiqua que la lutte se concentrait sur deux candidats, le docteur Pierre Lubert et Jean-Christophe Perdrizet.

Le second tour de scrutin aboutit au même résultat négatif.

Le troisième fut annulé : Il y avait eu fraude, plusieurs bulletins doubles furent trouvés dans l'urne.

Et comme l'heure était avancée, l'élection fut remise au lendemain 1er février.

Ce quatrième tour de scrutin fut définitif. Il est permis de croire que la soirée dût être quelque peu agitée et activement employée à recruter des partisans. Assurément, chacun des deux partis s'y employa de son mieux. On se passionnait. La lutte était ardente : il n'y eut pas d'abstentions. Jean-Christophe Perdrizet n'obtint que 46 voix, tandis que son concurrent, le Dr Lubert, sortit premier avec 60 : ce dernier fut élu.

« Et, ajoute le procès-verbal de la séance, comme le « nombre des voix qu'a obtenu le docteur Lubert excède « la moitié des votants, et les impositions qu'il acquitte, « excèdent la valeur du prix *de dix journées de travail*, en « ce lieu, nous l'avons proclamé Maire. »

Election des cinq conseillers municipaux.

Séance tenante il fut procédé à l'élection des conseillers municipaux.

Conseillers municipaux : François Houzer, Pierre-Christophe Noblot, Christophe-Pierre Boigeol, Pierre Lods, ancien, et Pierre-Christophe Minal. *(Archives d'Héricourt.)*

Nomination du corps des Notables et du Procureur de la Commune.

Le lendemain, 2 février, les électeurs furent de nouveau convoqués pour la nomination du corps des Notables et du Procureur de la commune. Les notables étaient en nombre double de celui des conseillers.

Voici le résultat de cette journée.

Notables. — 1. Jean-Georges Jurin; 2. Jacques-Frédéric Roux; 3. Claude François Guichard ; 4. François Bailly ; 5. Christophe Vaisseaux ; 6. Gabriel Vaugier ; 7. Jean-Joseph Lardemer ; 8. Frédéric Nardin ; 9. Jacques Diény ; 10. Nicolas Pernot ; 11. Pierre Vaugier ; 12. Gérard Frézard.

« Iceux ont été proclamés Notables, attendu que les « impositions directes qu'ils acquittent et doivent acquit- « ter excèdent la valeur de dix journées de travail. » (1) (Procès-verbal de la séance du 2 février 1790. Archives d'Héricourt). (2)

---

(1) Le prix de la « journée de travail » avait été fixé à quatorze sols (14), par délibération du 24 janvier 1790.

---

(2) **1789 Députés de la Hte-Saône aux Etats-Généraux.**

Suivant l'édit de convocation, rendu le 24 janvier 1789, le nombre des Députés aux Etats-Généraux était de 1200, dont 600 représentant le Tiers-Etat, et 300 pour chacun deux ordres privilégiés.

Clergé. . . . . Clerget, curé d'Ornans, bailliage d'Amont;

Noblesse . . . Bureau de Puzy, officier du génie, bailliage d'Amont.

Tiers-Etat
- Deraze, lieut[t] général de Vesoul, bailliage d'Amont;
- Gourdan, lieut[t] criminel à Gray, id.
- Pernelle, notaire à Lure, id.
- Muguet de Nanthon, écuyer, lieut[t] général à Gray, bailliage d'Amont.

1791 Assemblée législative de 1791.

Elle fut installée le 1er octobre 1791. La Haute-Saône y fut représentée par six députés :

Carret, homme de loi;
Courtot, juge au tribunal du district de Vesoul;
Chestin, président du tribunal du district de Gray;
Laborey, homme de loi à Ormoy, district de Jussey;
Lecuret, juge au tribunal du district de Champlitte;
Siblot, docteur en médecine à Lure.

Adresse

à l'Assemblée Nationale par la Municipalité d'Héricourt.

(29 Avril 1790)

A peine installée, la nouvelle municipalité d'Héricourt fit acte d'adhésion formelle et complète à l'œuvre de transformation et de reconstitution sociales entreprise par l'Assemblée Nationale.

L'Adresse qu'on va lire se distingue par une énergique affirmation des principes révolutionnaires et des doctrines radicales nettement exprimés. Elle est contenue toute entière en ce mot qu'elle emprunte à Barnave et qui la résume en son laconisme lapidaire : « Détruire, c'est édifier ». C'est en somme une fort belle page, qui met en relief les principales revendications des habitants d'Héricourt. Elle est l'œuvre du nouveau chef de la municipalité, le Docteur Pierre Lubert.

Nos Seigneurs,

Si la ville d'Héricourt, en Franche-Comté, a tardé si longtemps de joindre son tribut d'actions de grâces à ceux que toutes les villes du Royaume vous ont adressé à l'envi, en reconnaissance de vos travaux immortels qui vont assurer à la France la plus belle comme la plus libre des constitutions, ce n'est pas que depuis longtemps, Nos Seigneurs, le saint enthousiasme de la liberté et de la reconnaissance ne se soit emparé de l'âme du plus grand nombre de ses concitoyens. Mais enclavée pour ainsi dire dans une souveraineté étrangère, peu faite à l'allure et au ton de la liberté, habitée par des hommes vivant sous des lois religieuses différentes, elle avait, sous ces rapports, fourni aux suppôts du vieux régime, surtout au moment des élections de la nouvelle municipalité, des moyens de semer la discorde, excitant des rivalités entre les citoyens d'opinions différentes.

Grâces vous en soient rendues, Nos Seigneurs, le grand exemple que vous donnez aujourd'hui, à l'univers, par vos décrets qui ne respirent que tolérance, bienveillance universelle ont enfin produit sur nous leurs effets nécessaires.

Dimanche dernier, les citoyens des deux religions se sont rendus ensemble à l'église commune, et là, après avoir prêté le serment civique, ont juré, en outre, de ne plus admettre dorénavant entre eux d'autres distinctions que celles des vertus, et de constamment estimer le plus le citoyen qui se montrera le plus utile à ses concitoyens, quelles que soient d'ailleurs ses opinions.

Vous pouvez juger maintenant, Nos Seigneurs, de l'étendue de notre reconnaissance ; non seulement comme tous les autres Français, vous nous avez appelés de l'esclavage à la liberté : au régime de la féodalité la plus dure, vous avez substitué celui de l'équité et de la raison, mais vous avez encore banni de notre ville le fanatisme et l'intolérance. Il a fallu du temps parmi nous ; le moment est cependant enfin arrivé ; « car la raison a un empire naturel ; « elle a même un empire tyrannique ; on lui résiste ; mais « cette résistance est son triomphe ; encore un peu de « temps et on est forcé de revenir à elle. » [1]

Recevez donc, Nos Seigneurs, nos vifs remerciements, pour tant de bienfaits, avec notre adhésion la plus formelle à tous vos décrets ; nous jurons de les respecter, et faire respecter tant qu'il restera une goutte de sang dans nos veines. Hâtez vous seulement, Nos Seigneurs, de consommer votre ouvrage, d'anéantir par un nouvel ordre

---

(1) Montesquieu.

judiciaire ces justices seigneuriales, le plus grand fléau de nos campagnes; nous attendons ce nouveau bienfait avec la plus grande impatience; il consommera parmi nous la révolution en faisant disparaître les plus grands ennemis de la liberté publique.

Le salut de la France dépend peut-être de la prompte organisation du pouvoir judiciaire, et surtout d'une haute cour nationale pour remplacer le *Chatelet* (1) qui vient de se déshonorer à jamais aux yeux de tous les vrais patriotes en déchargeant de l'accusation les parricides qui avaient conspiré contre l'Assemblée Nationale et notre liberté, quoique le crime des conspirateurs fut démontré jusqu'à l'évidence.

Les. autres jugements rendus depuis en ce tribunal n'annoncent que trop combien est urgent l'établissement d'une cour nationale dont le premier soin sera, peut-être, de juger le Chatelet lui-même.

Nous espérons aussi, Nos Seigneurs, que fidèles aux principes que vous avez posés sur la souveraineté de la nation, vous ne consentirez point l'échange d'une grande partie de notre voisinage, contre quelques hameaux de la Principauté de Montbéliard : cet échange, fruit de la cupidité des avides suppôts de l'ancien ministère, ne peut plus être consommé depuis que vous avez appris que les hommes ne peuvent plus être la propriété d'un autre, et que les peuples, provinces et villes ne peuvent être échangés, cédés ou vendus sans leur consentement; il serait bien dur à ce moment, pour des Français de perdre cette qualité; la seule idée en est accablante.

Si notre commune était plus riche, nous offririons, outre l'impôt du quart des revenus que nous acquitterons, « un don patriotique » proportionné à notre reconnaissance; mais tout ce que nous pouvons faire, à ce moment, Nos Seigneurs, est d'offrir à votre auguste Assemblée une

---

(1) *Le Châtelet.* C'était le siége de la juridiction criminelle de la Prévôté de Paris. Le chef du Châtelet représentait la personne du roi au faîte de la justice.

somme de *quatre mille* livres à prendre sur le prix du bois en quart de réserve que nous nous proposons de vendre dès que nous en aurons obtenu la permission de l'administration de notre département.

Continuez, Nos Seigneurs, à faire agir la hache de la réforme, qu'aucune des sangsues du peuple n'échappe à ses coups ; il reste encore un très grand nombre de places inutiles ; « *détruire à ce moment, c'est édifier !* [1] » Si par compensation les peuples les plus vexés par l'ancienne administration avaient des droits aux nouveaux établissements, nous aurions immanquablement dans notre ville un *Tribunal Judicaire ;* d'ailleurs la ville de Lure qui rivalise avec nous a un district d'administration ; en nous accordant un tribunal judiciaire, les bienfaits de l'auguste assemblée seraient partagés, et il ne resterait pas même à personne le droit de se plaindre.

Nous sommes avec un profond respect et la plus vive reconnaissance, Nos Seigneurs, vos très humbles et très obéissants serviteurs.

Les membres composant le Conseil général de la Commune de la Ville d'Héricourt [2].

Signé : LUBERT [3].

(1) Barnave.

(2) Archives d'Héricourt.

(3) Le docteur Pierre Lubert (1761-1835), premier maire d'Héricourt en 1790, fut médecin au quartier général de l'armée qui assiégeait Mayence sous le commandement de Kléber en 1793. C'était, dit Suchaux, dans sa *Galerie bibliographique*, un homme d'esprit, dont les saillies et la verve brillante étaient fort remarquées.

1791

CHAPITRE IV

Société populaire. — Ses réunions dans une salle des Halles — Son cachet. — Le citoyen Claude Nicolas Frézard devant le tribunal révolutionnaire de Paris. Sa détention (23 Nov. 1793). — 18 Ventôse, an II (8 Mars 1794). — **Le Juge de paix Perdrizet dénoncé au Comité révolutionnaire de Lure** (7 Brumaire, an II). — **Christophe-Frédéric Boigeol, détenu à Besançon pendant 3 mois. — Accusé d'avoir déprécié les assignats.**

Dans toutes les localités du territoire français où les principes de la Révolution avaient été accueillis avec enthousiasme, on vit des réunions populaires se former et s'organiser rapidement, les unes sous la seule initiative des municipalités, d'autres pour se conformer aux ordres du pouvoir central. La Convention ne dédaigna point ce moyen de propagande ; elle s'en occupa, les façonna à son image et leur accorda une grande autorité. Le premier soin des conventionnels en mission était d'en créer partout où elles n'existaient pas. Bernard de Saintes (1) ne

(1) Voyez « *Bernard de Saintes et la Réunion de la Principauté de Montbéliard à la France* », par Armand Loos, », p. 29.

faillit point à ce devoir. A peine arrivé à Montbéliard qu'il devait réunir [1] à la France, un de ses actes fut d'abolir l'ancien « corps municipal » et d'organiser la « *Société populaire* ». Il en indiqua l'esprit et la tendance dans la lettre qu'il adressa à ses collègues du Comité de Salut public de la Convention (15 oct. 1793) : « J'ai installé, écrit-il, une Société populaire de peu d'individus pour ne pas introduire l'aristocratie ; elle va grossir, et dans peu « ça ira ».

Héricourt n'avait pas attendu l'arrivée des proconsuls de la Convention nationale dans la région de l'Est pour affirmer son adhésion aux principes de la Révolution ; et dès 1791, la Société populaire fut organisée.

Affiliées aux Comités révolutionnaires de Paris, ces assemblées populaires devinreut de véritables clubs politiques, où les « patriotes professant les idées les plus avancées » se retrouvaient chaque jour, prenaient connaisssance des décrets des représentants de la nation, entre temps discutaient les affaires locales, mais s'occupant surtout avec passion, au récit des évènements de nos armées à la frontière, des grands intérêts du pays, car rien n'était indigne de leurs préoccupations politiques, ni au-dessus de leur ardent patriotisme.

On se rappelle cette légendaire équipée des gardes nationales de Belfort et d'Héricourt [2], partant en guerre contre l'étranger et conquérant la Principauté de Montbéliard au nom de la France. On ne se fait que difficilement une idée exacte du désarroi des esprits à cette époque : tout était déséquilibré, c'était une confusion, une griserie. Etait-ce donc cette portion de « souveraineté » qui leur tombait du ciel, ainsi qu'une manne, sous forme de « suffrage populaire » qui leur troublait la tète de si belle façon ?

---

(1) Le 10 oct. 1793.

(2) Voyez « *Prise de Montbéliard par les Gardes Nationales de Belfort et d'Héricourt* », par Ch. Cancl. Voir la « *Revue de la Révolution française* sous la direction de F.-A. Aulard, 14 juillet 1893.

Question d'atavisme, dira-t-on? Belle matière à philosopher !

La Société populaire prit le nom de « *Société champêtre des Amis du peuple* ». Elle tint ses réunions dans une des salles de l'ancien bâtiment des Halles, la salle des Délibérations du Magistrat. On y transporta une des chaires de l'Eglise. La chaire évangélique devint tribune.

Les détails qui suivent concernant la Société populaire, son cachet, et le procès Frézard dont on lira les détails ci-après, nous les devons à la grande obligeance de notre ami et compatriote M. A. Lods, Dr en droit. Nous lui en adressons nos sincères remercîments. — Ces lignes étaient écrites en avril 1888. — Extrait de sa lettre d'envoi : « Dès mon retour à Paris, je suis allé aux *Archives* faire à votre intention des recherches sur Frézard ; j'ai eu la main heureuse, je suis tombé sur le dossier complet de son procès. Je vous en adresse l'analyse ; aucune autre circonstance n'est à signaler. »

Voici les noms des principaux membres de la Société populaire d'Héricourt :

« Président : *J. F. Rochet ;* Vice-Président : *Fréd. Fallot ;*
« *Déforets* et *J.-C. Damotte*, Secrétaires.

« Membres : *Metzger ; Richardot,* Sans Peur ; *Fallot ;*
« *Pierre Vaugier ; J. Méquillet ; L. Grandgirard ; Ganny.* »

« Son cachet portait comme légende : « *Les Amis de la* « *Liberté et de l'Egalité d'Héricourt* ». Au milieu se trou- « vaient des faisceaux de licteurs surmontés du bonnet « phrygien ; à la hache était attachée une bannière avec « ces mots : « *République française.* »

(D'après le croquis de M. Armand LODS.)

Parmi les citoyens les plus actifs de la Société populaire et qui furent les inspirateurs de ses actes, il convient de citer : *Jean-Christophe Perdrizet*, premier Juge de paix à partir de la Révolution ([1]) ; *Fiereck* dit *Marat ; Jean-Claude Damotte*, l'instituteur catholique qui échangea ses prénoms patronymiques en ceux de *Pétrole Pavot ; Jean-François Rochet* ([2]), maître de forges, l'ami de Bernard de Saintes ; *Pierre-Christophe Noblot*, qui fut plus tard maire d'Héricourt ; celui-là même qui fit baptiser, populairement, sur la Rouchotte, un de ses petits-fils, placé sur deux épées croisées ; *Paignot* dit *Carra*.

C'étaient aussi les orateurs écoutés et applaudis de ces réunions tumultueuses, où toute la population, hommes femmes et enfants, accourait en foule, et applaudissait les motions les plus imprudentes , les discours les plus extravagants et les plus grotesques

On rapporte que Perdrizet commença un soir son discours, par cet exorde rien moins que flatteur pour le corps ecclésiastique en disgrâce :

« Citoyens, jamais parole de vérité n'a été dite en cette chaire que celle que je vais vous faire entendre. » Faible écho des philosophes sceptiques du dix-huitième siècle.

---

(1) Ces indications nous ont été confirmées par M. le docteur Paul Lubert (1807-1889), chevalier de la Légion d'honneur, conseiller général de la Hte-Saône), juge de paix du canton d'Héricourt (1846-1878), qui nous a fourni de précieux renseignements sur la période révolutionnaire que nous avons utilisés en ce modeste travail.

(2) J.-F. Rochet, originaire de Pesme (Haute-Saône), maître de forges d'Audincourt et Chagey. En excellents rapports avec Bernard de Saintes, il lui fit ses offres de service qui furent bien accueillies. « Très bon patriote, écrivait le terrible conventionnel (15 oct. 1793), « Rochet prêche avec un zèle républicain l'adoption de nos principes, « il me demande si la République voulait prendre ses fers ; je crois « qu'elle ne peut mieux faire ; ils sont de première qualité, ils imitent « l'acier ». Bernard se rendait souvent à Audincourt en partie de plaisir, où il était reçu par le citoyen Rochet. Devenu plus tard légitimiste, Rochet fut nommé maire d'Héricourt sous la Restauration. (Voyez *Bernard de Saintes* par A. Lods, déjà cité p. 41.)

La tradition ajoute que dans ses discours le Juge de paix faisait de fréquentes incursions dans le domaine biblique, et que les noms d'Abraham, de Moïse et d'Aaron s'y coudoyaient de pittoresque façon.

Claude-Nicolas Frézard d'Héricourt

devant le Tribunal révolutionnaire de Paris.

(21 Sept. 1793 — 8 Mars 1794)

Tant que la Société populaire s'en tint aux discours, elle ne fut pas à craindre ; mais elle devint inquiétante lorsqu'elle passa de la théorie aux actes.

Le citoyen Claude-Nicolas Frézard fut une de ses victimes. Ex-notaire royal, et partant attaché au régime déchu, accusé de menées portant provocation à l'anéantissement de la république et au rétablissement de la royauté, il est traduit à la barre de la Société populaire, puis devant le Tribunal révolutionnaire de Lure qui se déclare incompétent et le renvoie devant le Tribunal révolutionnaire de Paris.

Nous donnons ici une analyse sommaire de cette affaire qui eut un grand retentissement dans le pays.

21 septembre 1793. — Dans cette séance [1], la « *Société champêtre des amis du peuple* », reçoit la dénonciation de G.-F. Bourquin qui l'instruit « que des gens ont le front « assez noir pour écrire sur les fenêtres d'entrée du corps « de garde en ces termes abominables : *Vive les calotins !* « *Vive Louis XVII ! Au diable la République !* »

La Société arrête que des témoins seront entendus et fait appeler successivement les citoyens :

---

(1) Etaient présents : J.-F. Rochet, président ; Fréd. Fallot, vice-président ; Déforêts et Damotte, secrétaires. Membres : Metzger, Richardot, Fallot, Pierre Vaugier, Méquillet, L. Grangirard, Ganny.

1° Antoine Debard, âgé de 70 ans, qui a vu Frézard écrire sur les fenêtres du corps de garde, il y a environ quinze jours; il s'est approché de lui, et il a dit : « Voilà de belles lettres ! » mais il ne peut donner le sens de l'inscription, « ne sachant ni lire, ni écrire ».

2° Pierre Paris a lu le 13 septembre, sur les vitres, l'inscription incriminée, mais il ne sait si c'est Frézard qui en est l'auteur.

3° J.-Georges Debard a vu l'inscription « sur la crasse de la fenêtre occasionnée par la fumée du fourneau et la poussière ». Il a aussi remarqué sur la vitre à côté « une figure voulant signifier la figure du Roy ; il l'a reconnu a son grand nez, le désignant assez. »

A la séance du 22 septembre, Frézard, âgé de 51 ans. est appelé. Il affirme « par le serment le plus solennel qu'il n'est pas l'auteur du délit qu'on lui reproche. »

L'instruction se poursuit.

Le 11 octobre, le Juge de paix reprend l'affaire et montre certaine animation contre le prévenu, Perdrizet a découvert un délit, un fait nouveau. Frézard aurait été en correspondance avec l'ancien curé de Saulnot. Celui-ci se trouvant au village de Laire (Doubs) chez Nicolas Métin. cabaretier, aurait remis « une lettre à la femme de Frézard, qui se trouvait là comme par hasard.

Interrogé le 14 octobre, Frézard répond qu'il n'a pas écrit les mots incriminés sur les vitres du corps de garde ; d'autre part, si une lettre a été remise à sa femme, ce n'est pas en sa présence; il l'ignore, il n'a pas eu connaissance de ce fait.

Malgré le défaut de preuves, Perdrizet lance un mandat d'arrêt contre Frézard « prévenu d'écrits incendiaires et de correspondances avec les prêtres », et le fait conduire à la maison d'arrêt de Lure.

Frézard à Lure. Le 23 novembre 1793, après plus d'un mois de détention, Frézard comparait devant le Tribunal criminel de la Haute Saône qui se *déclare incompétent.*

« Il ne peut connaître des délits de provocation tendant « au rétablissement de la royauté, et renvoie l'ex-notaire « devant le Tribunal révolutionnaire de Paris. »

L'affaire s'aggrave et devient même alarmante.

Frézard à Paris. Le 16 décembre 1793, Frézard est interrogé par un des juges de cette terrible cour sans appel, il répond « qu'il n'a pas entretenu de correspondances avec aucun prêtre déporté. »

On lui demande, s'il n'a jamais écrit sur les vitres de la fenêtre du corps de garde d'Héricourt quelque inscription contre-révolutionnaire telle que : « *Au diable la République !* » Frézard s'élève avec indignation contre cette accusation calomnieuse et dit qu' « il est *trop bon républicain* pour commettre un pareil délit. » Il demande comme témoin le maire d'Héricourt, Pierre Lubert.

Et pendant trois mois environ, toujours incarcéré, Frézard attendait, en de mortelles angoisses, le jugement ardemment désiré qui l'acquittera... ou l'enverra à l'échafaud. Effrayante alternative. Enfin, le jour tant demandé arriva.

Le 18 ventôse an II, 8 mars 1794, Frézard comparaît pour la dernière fois devant le Tribunal révolutionnaire.

Voici les deux questions posées au Jury.

1re question. Est-il constant que dans le courant de septembre dernier à Héricourt, département de la Haute-Saône, il a été mis au corps de garde et écrit sur les vitres des images et des inscriptions contenant provocation à l'anéantissement de la République et au rétablissement de la Royauté en France, et entretenu des intelligences criminelles et des communications personnelles à l'étranger sur l'extrême frontière du pays de Montbéliard avec des prêtres fanatiques déportés ?

2e question. Claude Nicolas Frézard, notaire à Héricourt, est-il l'auteur de ces provocations, intelligences et communications ?

La déclaration du jury est affirmative sur la première question et négative sur la seconde.

En conséquence, Frézard est acquitté par le jugement suivant :

Jugement qui acquitte Frézard (18 ventôse an II).

Ordonnance rendue par le président du Tribunal révolutionnaire établi par la loi du 10 mars 1793, séant à Paris, au Palais, qui, sur la déclaration du jury de jugement, acquitte Claude-Nicolas Frézard, du 18 ventôse, an II de la République une et indivisible.

Nous, René François Dumas, vice-président du Tribunal ;

Vu la déclaration du jury de jugement sur l'accusation portée contre Claude-Nicolas Frézard, né à Dorsé (Doubs), demeurant à Héricourt (Hte-Saône), notaire public et ci-devant greffier de la municipalité du dit lieu, portant :

Qu'il est constant que dans le courant de septembre dernier à Héricourt, il a été mis au corps de garde et écrit sur les vitres des inscriptions et images contenant provocation à l'anéantissement de la République, au rétablissement de la Royauté en France, et entretenu des intelligences criminelles et des communications personnelles à l'étranger sur l'extrême frontière du pays de Montbéliard avec des prêtres fanatiques et déportés, mais qu'il n'est pas constant que ledit Frézard soit l'auteur de ces provocations, intelligences et communications.

Disons que ledit Frézard est et demeure acquitté de l'accusation ; en conséquence, ordonnons qu'il soit mis en liberté si toutefois il n'est détenu pour d'autres causes.

Fait et prononcé à l'audience publique du Tribunal le 18 Ventôse an II de la République [1]. (8 mars 1794.)

Voilà l'exacte vérité sur cet épisode de nos discordes locales. Cela s'écarte sensiblement de la légende que nous avons souvent entendu raconter, nous montrant Frézard,

---

(1) *Archives nationales*. Carton W.-335. Dossier Frézard n° 590 se compose de 42 pièces. Communication de M. Armand Lods, Docteur en droit, Avocat à la cour d'appel de Paris.

en haillons sordides, devant ses juges, et contrefaisant l'insensé ; il n'aurait dû son acquittement qu'à la faveur de ce subterfuge. On ajoutait qu'à sa sortie du terrible tribunal, d'où tant de têtes tombèrent sur l'échafaud, Frézard aurait été conduit par un laquais de grande maison dans une famille inconnue de lui, qui lui aurait fourni, le croyant pauvre, les ressources nécessaires pour rentrer à Héricourt.

Comme originalité et mise en scène, ce n'est pas mal ; cela frappe davantage l'imagination qu'un froid et banal document juridique.

Ainsi souvent s'écrit l'histoire.

Le Juge de Paix Perdrizet

dénoncé au Comité révolutionnaire de Lure.

(7 Brumaire an III — 28 Octobre 1794)

Après le notaire Frézard, ce fut le tour de Jean-Christophe Perdrizet. Juste retour des choses d'ici-bas, monsieur le Juge ! C'est le sort des violents.

Cette fois, c'était le parti catholique qui dirigeait la campagne contre le protestant Perdrizet, auquel se joignirent les ennemis personnels du juge — et ils étaient nombreux — ; car, dans cette affaire comme dans celle de Frézard, il faut voir surtout la continuation de la lutte entre deux confessions rivales.

On comprend dès lors à quels terribles dangers on était exposé à cette époque sombre de la Terreur. Les haines personnelles prenaient tout-à-coup un caractère alarmant : Les vengeances alors se donnaient libre carrière, une accusation de citoyen « *suspect, d'aristocrate* » était si vite lancée! Et savait-on, avec le débordement des passions qui est la caractéristique de ces temps troublés, où cela pouvait conduire. De suite on entrevoyait le tribunal révolutionnaire... et ses redoutables jugements... ou le chemin de l'exil.

Aussi tout le monde tremblait.

La dénonciation portée contre Perdrizet émanait de Etienne Danguel, maire et agent national de Tavey.

Il l'accusait d'avoir voulu rétablir le culte protestant dans l'église de Tavey, et de s'être présenté, à cet effet, plusieurs fois avec attroupement de citoyens de différentes communes, de l'avoir forcé à lui remettre les clefs de l'Eglise, ce qui était contraire à un décret de la Convention, à un arrêté de Bernard de Saintes, représentant du peuple, en mission à Montbéliard, et au vœu de la commune ;

D'être monté à la tribune et d'y avoir prononcé des discours qui tenaient du fanatisme, en y parlant d'Aaron, d'Abraham, de Moïse, lorsqu'on ne devait y entendre que la lecture des lois, des décrets ou des discours patriotiques ;

D'avoir entravé l'enrôlement et l'équipement des volontaires de première réquisition ;

D'avoir méconnu la loi du maximun ;

D'être un révolutionnaire tiède, en un mot d'être « *suspect* ».

Plus de vingt témoins, mandés à Lure le 7 Brumaire an III (28 oct. 1794), furent entendus, les uns confirmant, les autres atténuant les faits incriminés.

Jacques Grandgirard... déclare, qu'un jour de décade il fut arrêté à la « Société populaire » qu'une partie de ses membres se rendrait à Tavey pour y célébrer le culte de la Raison, et que J.-C. Perdrizet y prononcerait un discours.

Le déposant a entendu l'orateur, et son allocution, très patriotique, avait surtout pour but d'animer les citoyens à la fraternité. Il ajoute qu'il n'a jamais connu Perdrizet pour vouloir favoriser aucun culte.

Il tient en outre du citoyen Noblot, maire à Héricourt, que dans le temps où les communes furent chargées de faire partir et habiller des volontaires de première réquisition, J.-Christophe Perdrizet dit que ces soldats ne partaient que pour quinze jours à trois semaines, que les habits qu'ils emportaient étaient bons et suffisants ; qu'il était inutile de les habiller et de leur faire des uniformes ;

Qu'en conséquence, le dit Perdrizet défendit aux communes de faire la dépense d'uniformes pour les volontaires.

Eienne Jourdain, horloger, déclare qu'il ne sait rien des faits contenus dans la dénonciation ; mais il ne croit pas au « civisme » de Perdrizet ; il a remarqué, en plusieurs circonstances que cet homme est un « brouillon » ; que notamment dans l'affaire du citoyen Frézard, traduit en justice devant le Tribunal révolutionnaire de Paris, la Société populaire d'Héricourt, prit des renseignements sur la conduite du notaire pour s'assurer si elle devait ou non s'intéresser à son sort ; ce qu'ayant appris ledit Perdrizet s'opposa à ce que la Société délivrât à son épouse la copie des informations et de l'arrêté qui reconnaissait l'innocence de son mari ; que même ledit Perdrizet a écrit contre cette décision à Paris et au Tribunal révolutionnaire ; ces faits lui ont été affirmés par la plupart des membres de cette Société.

« Que Christophe Perdrizet, étant président de la « Société populaire », avait pris un arrêté portant que les portes de l'église seraient fermées et qu'elles ne seraient ouvertes que les jours de décades ; un membre ayant représenté que cet arrêté n'était point de la compétence d'une société populaire ; qu'il ne fallait point heurter les opinions et les contraindre par la force ; que, partant, il fallait rapporter ledit arrêté ; que Perdrizet, alors président de la « Société » coucha sur ses registres des horreurs sur le compte de ce membre, nommé Georges Boigeol ; que celui-ci, peu de temps après, nommé président de la Société et ayant vu sur les registres d'icelle cette diatribe, demanda à la Société si c'était elle qui l'avait ainsi fait arrêter et écrire ; que la Société répondit que non, et arrêta instamment que le tout serait rayé et biffé. Quelque temps après ledit Perdrizet, craignant que Boigeol ne l'attaqua sur ce point, la Société, étant assemblée extraordinairement, arrêta de déchirer les feuillets du registre renfermant cette dénonciation pour ramener l'ordre et la tranquillité dans la Société et entre Perdrizet et Boigeol.

Signé : Martelet, Jourdain, Schom, Labbé, etc... »

Pierre-François Artus, curé, ex-administrateur des paroisses d'Héricourt et Tavey.

Le déposant a entendu dire à un particulier dont il ignore le nom, que Christophe Perdrizet lui avait vendu « un bol d'eau-de-vie » cinq livres après la taxe promulguée [1]; que dans tous les discours du juge de paix, il avait reconnu que ce dernier n'était point à la hauteur de la Révolution.

Pierre Lubert, médecin, au quartier général de l'Armée du Rhin, 33 ans, dit que Christophe Perdrizet s'était toujours montré son ennemi depuis le principe de la Révolution, et n'ayant pas cessé de le persécuter lui et son frère cadet [2] déclare qu'il le suspecte.

Christophe-Frédéric Boigeol dit qu'en 1790, lui déposant étant officier municipal, on vint le prévenir qu'il s'était formé un attroupement dans la cour du château, à la tête duquel se trouvait Christophe Perdrizet; que la municipalité assemblée se fit accompagner d'un piquet de la garde nationale déjà établie, et que s'étant rendue dans

---

(1) *Loi du maximum*. 1793 fut une année de disette. Les denrées alimentaires et les objets de première nécessité atteignirent des prix calamiteux. La Convention nationale essaya d'atténuer cette situation en décrétant, le 8 vendémiaire an II (29 sept. 1793), la loi du maximum qui fixa les prix au-dessus desquels il fut interdit de vendre certaines marchandises et denrées. Ce maximum fut fixé aux prix de 1790 auxquels on ajouta un tiers pour l'alimentation, et la moitié pour les journées de travail.

Ce système fut aboli après 10 mois d'existence.

(2) Lubert Louis, (1759-1848), prêtre constitutionnel, chanoine en la collégiale de Belfort, puis vicaire épiscopal à Colmar, il dut résigner ses fonctions sacerdotales pendant la Terreur, et se réfugia à Paris. La tourmente apaisée, l'ex-vicaire épiscopal rentra à Héricourt auprès de son frère le Dr Pierre Lubert; et peu après, il fut nommé Commissaire du Directoire exécutif près de la municipalité cantonale d'Héricourt. Nommé Juge de paix, lors de la seconde élection de ces magistrats, par le suffrage de ses concitoyens, Lubert exerça ces fonctions pendant 46 années. Il donna sa démission en 1846. « C'était un « homme d'un esprit droit, d'une vaste instruction et d'un caractère « bon et ferme ». L. Suchaux déjà cité.

la cour du ci-devant château, et ayant demandé le sujet de cet attroupement, il fut répondu que c'était pour procéder à l'établissement d'une garde nationale, quoiqu'il y en eût déjà une d'organisée.

Jean-Baptiste Métin, officier municipal de Tavey, dépose que Christophe Perdrizet s'est présenté plusieurs fois avec attroupement de citoyens de différentes communes pour demander à la municipalité de Tavey les clefs de l'église : il voulait y établir le culte protestant sur les ruines du culte de la Raison ; que cette démarche était contraire à une délibération de ladite commune, et à un arrêté de Bernard de Saintes, portant que les portes de l'église ne seraient ouvertes que les jours de décade ;

Qu'elle était en outre contraire à un arrêté pris par le département de la Haute-Saône qui défendait de rien innover dans l'église de Tavey jusqu'à ce que la Convention ait statué sur le *simultaneum ;* que cet arrêté ayant été signifié à Perdrizet celui-ci passa outre.

Jean-François François de Tavey.... Christophe Perdrizet a déclaré qu'il ne fallait point avoir égard à la « taxe » [1] et qu'on ne la suivait pas parce que le blé se vendait *trente livres la quarte.*

Ces dépositions dont nous nous sommes plu à transcrire *les plus saillantes* — plus de 20 témoins furent appelés — n'ont d'autre intérêt que de nous faire pénétrer plus avant dans la vie intime de nos ancêtres et de montrer l'état des esprits en ces temps troublés [2].

Ces accusations contre Perdrizet étaient graves, assurément ; mais, soit qu'elles ne parussent pas suffisamment justifiées, ce qui était le cas, soit que des influences assez puissantes l'eussent tiré de ce mauvais pas, nous croyons savoir que le juge ne fut pas inquiété.

L'affaire en resta là.

---

(1) Voir note, page 49.

(2) Registre du Tribunal de Lure du 29 fructidor an II. Série I, L, § 2. Archives de la Haute-Saône.

Il résulte de la lecture de l'enquête contre Perdrizet une impression qui est loin d'être en sa faveur. Il est brouillon, il est vindicatif : ce sont ses ennemis qui le malmènent de la sorte, qui s'efforcent de l'accabler. Il faut bien reconnaître que le Juge mérite en partie ces reproches ; par son attitude, par ses discours exaltés, il s'est créé de nombreux ennemis ; même ses amis se sont montrés plutôt sévères à son égard, et ont blâmé sa conduite surtout dans l'affaire Frézard, où il avait manifesté une passion fort répréhensible. On le lui fit bien voir lors de sa comparution devant le Tribunal révolutionnaire de Lure.

Mais si l'attitude de Perdrizet, en certains actes de sa vie publique fut blâmable — et qui peut se vanter d'être sans défauts? — il sut, d'autre part, montrer à ses détracteurs une tenue digne de tous les éloges et que peu, parmi ses adversaires, tentèrent d'imiter. Il sut avoir les qualités de ses défauts.

Dévoué au bien public, Perdrizet fut avant tout un patriote passionné. Et ne serait-ce pas, en grande partie, ce patriotisme ardent, fiévreux, qui lui valut l'animadversion de ses compatriotes? C'est possible ; car ainsi que le remarque un écrivain célèbre : « Il est triste, dit-il, que « souvent pour être bon patriote, on soit l'ennemi du « reste des hommes. » (Voltaire).

En notre rôle modeste d'historien consciencieux, il est de notre devoir de montrer le juge Perdrizet sous un autre aspect. Chez lui, le patriotisme ne fut pas un vain mot, ni un sujet à déclamation ; il sut donner à ce noble sentiment sa forme concrète la plus belle, la plus admirable. Voici : Les armées coalisées menaçaient la France de tous côtés, la Patrie venait d'être déclarée en danger. Perdrizet veut contribuer à sa défense. De sa personne, il ne le peut ; de sa bourse, il le fera. Son parti est vite pris : il enrôlera, il équipera, il armera, il soldera un soldat pendant la durée de la guerre.

Que les malins en fassent autant. (1)

---

(1) L'an 1792, le 7 octobre, l'an I de la liberté et de l'égalité de la République française une et indivisible s'est présenté en la maison

commune d'Héricourt, Jean-Christophe Perdrizet, juge de paix de ce canton, lequel nous a dit que, vu le danger où était la patrie, il voulait contribuer à sa défense autant que ses facultés le lui permettent ;

Qu'en conséquence, il avait enrôlé le nommé *Jacques Rébillard*, natif de Chenebier, âgé de 19 ans, taille cinq pieds, un pouce et demi, ayant déjà douze mois de service ;

Qu'il s'obligeait de l'habiller, de l'armer et de le solder, le tout à ses frais pendant tout le temps que la patrie sera en danger, et que ledit J. Rébillard doit aller rejoindre le 3e bataillon du département de la Haute-Saône, actuellement campé près de Brissack :

Ledit Perdrizet ayant signé sa soumission.

J. C. Perdrizet

(*Registre des Délibérations*, page 137.)

Christophe-Frédéric Boigeol

(1745 - 1830)

Il n'en fut pas de même de Christ.-Fréd. Boigeol, l'un des fondateurs de l'industrie textile à Héricourt, qui fut arrêté et enfermé dans la citadelle de Besançon, pour avoir par ses discours et par ses actes, déprécié les assignats et méconnu la loi du *maximum*. (1)

Après un certain temps de détention, qui ne dura pas moins de trois mois, il fut relaxé sans jugement, comme cela arriva à plus d'un citoyen, dont « on ne trouve la trace de leur détention que sur les registres d'écrou. »

Là se bornent nos renseignements sur cette affaire.

(1) Voir page 49.

CHAPITRE V

Constitution civile du Clergé (Décret du 12 juillet et 24 août 1790). — **Evêques et prêtres, fonctionnaires, laïques. — La France divisée en 86 évêchés. — Flavigny, évêque de la Haute-Saône. — Le Clergé rétribué par l'Etat. — Prestation de serment. — Méquillet, pasteur constitutionnel. — Fourcault, curé réfractaire. — Ses démêlés. Arrêté du Préfet concernant la Lettre pastorale de l'Evêque. — Refus du curé Fourcault. — Intervention de la Société populaire. — Expulsion de Fourcault. — F.-N. Damotte et P.-F. Artus, curés constitutionnels. — Flavigny. — Notice biographique. — Son épitaphe.**

Parmi les grands travaux qui sont la gloire de la Constituante, il convient de mentionner la réforme qu'elle apporta dans l'administration des cultes. Cette réforme dont le but évident fut de subordonner les cultes à l'Etat, améliora, tout en la transformant, la situation matérielle des évêques et du clergé. La Constituante imposa un règlement dans le service de la religion; elle déclara les évêques et les prêtres indépendants du Saint-Siège. Ils furent dès lors considérés comme *fonctionnaires laïques*, et soumis à l'élection des fidèles.

Les diocèses furent répartis dans chaque département [1]; le Clergé fut salarié par l'Etat [2].

---

(1) Flavigny, prêtre, fut élu évêque du département de la Haute-Saône par le collège électoral de Vesoul, le 13 mars 1791. (Voir *Notice biographique de l'Evêque*, p. 67.)

(2) Salaire des membres du Clergé. *Evêques* : celui de Paris, 50,000

Tels furent, rapidement esquissés, les principaux statuts de la *Constitution civile du Clergé*, « cette constitution « qui fit calomnier l'Assemblée plus que tout ce qu'elle « avait fait, car elle se heurta contre le *veto* du Roi et « l'hostilité du Pape ». (A. Thiers).

Les prêtres élus durent aussitôt prêter serment à la Constitution; la plupart se refusèrent à se soumettre à cette obligation. Pour eux, la loi n'était pas valable parce que l'Eglise n'avait pas été consultée. Actuellement la loi de *Séparation* (9 nov. 1906) se heurte aux mêmes difficultés, et le clergé actuel réédite les mêmes arguments que celui de 1790. Et cependant le pape qui anathématise la loi nouvelle, s'empresse d'en profiter en nommant hâtivement, n'ayant plus à tenir compte de l'approbation du gouvernement français, une vingtaine d'évêques tous adversaires déterminés de la République. O sainte logique !

Un petit nombre de curés et quelques évêques, parmi lesquels Talleyrand, acceptèrent la Constitution civile du clergé; les autres s'y refusèrent. La Législative vota un décret qui les expulsait de France (1792) malgré le *veto* du Roi qui provoqua les émeutes du 20 juin et du 10 août. Le Concordat devait abolir cette constitution en 1801.

Ministres du culte pendant la Révolution.

A l'époque de la promulgation de la Constitution civile du clergé, les deux ministres en fonctions étaient le curé Fourcault et le pasteur Méquillet ; le premier refusa d'obéir à la loi : il fut le prêtre « réfractaire » ; le second s'inclina devant elle, il fut le ministre « constitutionnel ».

---

livres ; ceux des villes au dessus de 50,000 habitants, 20,000 livres ; les autres, 12,000 livres. *Curés* : ceux de Paris, 6,000 livres ; ceux de proviace, de 4,000 a 1200 livres suivant les paroisses.

Jean-Baptiste *Fourcault* (1776-1791 [1]) était curé d'Héricourt lorsque la Révolution éclata. Prêtre fanatique, intolérant, il s'était montré dès les premières années de son ministère en sa nouvelle paroisse, l'adversaire déterminé et intraitable des protestants qui composaient à cette époque la grande majorité de la population d'Héricourt. Le « simultaneum » dans la célébration des offices du culte devint avec lui la source de continuelles et incessantes vexations. Et quand arriva la Révolution, il fut un adversaire acharné des institutions nouvelles. Après la promulgation de la « Constitution civile du Clergé » (12 juillet et 24 août 1790, il refusa de prêter le serment imposé à tout membre du clergé. Ce refus hautain et dédaigneux n'était point pour déplaire aux patriotes ardents d'Héricourt, partisans des réformes que le peuple attendait avec impatience, tous membres de la *Société populaire* et protestants pour la plupart qui n'oubliaient et ne pardonnaient pas les tracasseries et les vexations qu'ils avaient eu à subir de la part du prêtre aujourd'hui en révolte contre la loi ; ils se promirent d'en tirer parti contre le prêtre. On verra qu'ils réussirent dans leur entreprise rien moins qu'évangélique. Fourcault ne se fit pas d'illusions sur la situation plutôt délicate qu'il venait de se créer ; et à l'attitude de ses adversaires ainsi qu'à leurs discours politiques en leurs réunions, il se sentit menacé, ébranlé. Il eut à ce sujet une entrevue avec le docteur Pierre Lubert, maire d'Héricourt qui, avec son clair esprit pratique de médecin sceptique, diagnostiqua le cas des plus graves ; et de cette consultation, peu banale, il en résulta une « ordonnance » assez curieuse en l'espèce, destinée à atténuer l'état de malaise politique en lequel se trouvait ce client occasionel.

Cette rencontre des deux augures discutant sur un cas pathologique fort caractéristique est des plus curieux.

Mais l'heure n'était pas aux longues dissertations ; il fallait conclure et se hâter. Il fut donc décidé que le prêtre

(1) Originaire de Montagney près de Pesmes (Hte-Saône).

réfractaire ferait une prestation de serment. Où? en quel lieu? à l'église, après la messe paroissiale; peut-être, par ce moyen, parviendrait-on à calmer l'effervescence que son geste avait provoquée.

On était au vendredi 4 février 1791.

En quittant le cabinet du docteur, Fourcault se rendit au greffe de la municipalité, fit la déclaration de son intention de prononcer et prêter, à l'issue de la messe paroissiale, dimanche prochain, 6 février 1791, le serment civique, selon que le permettent la Religion et l'Eglise catholique, apostolique et romaine, et *non autrement*, afin de donner par là, à ses concitoyens, le témoignage de son dévouement constant à la patrie et de l'édification qu'il devait à sa paroisse.

Cette déclaration fut communiquée à tous les officiers municipaux et notables par le sergent de ville Christophe Richardot. Et le dimanche, 6 février, en l'église paroissiale d'Héricourt, à l'issue de la messe, en présence du Conseil général de la commune et des fidèles — les officiers municipaux et les notables luthériens s'étaient abstenus, — le curé Fourcault prononça à haute et intelligible voix, au bas de l'autel, le serment en ces termes :

« Rendre à César ce qui appartient à César et à Dieu ce qui appartient à Dieu, voilà le précis de mes devoirs comme citoyen et comme curé vraiment catholique, apostolique et romain. En conséquence, je jure de veiller avec soin sur les fidèles que l'Eglise m'a confiés, d'être fidèle à la nation, à la loi et au Roi et de maintenir de tout mon pouvoir, la Constitution décrétée par l'Assemblée nationale et acceptée par le Roi, autant que et comme me le permettent la religion et l'Eglise catholique, apostolique et romaine, dans laquelle je suis et je veux vivre et mourir, moyennant la grâce de Dieu » [1].

Fort beau ce serment civique du curé Fourcault, d'une facture irréprochable; mais en cela, le prêtre s'est étrangement abusé s'il a pu croire un instant que son serment,

---

(1) Archives d'Héricourt. Reg. de l'Etat civil.

à l'église, ferait cesser les attaques de ses adversaires. Il se trompait. Et cette démonstration tardive, isolée, était un acte sans valeur, un inutile expédient qui ne pouvait tenir lieu du serment laconique, lapidaire, décrété par la loi. D'ailleurs sa manifestation de soumission apparente n'avait trompé personne. Avant comme après, il n'en demeurait pas moins le prêtre réfractaire. N'eut-il pas mieux fait de se cantonner en une fière intransigeance ?

Ce caractère autoritaire se refusant à se plier aux contingences du moment, allait de nouveau être aux prises avec de plus sérieuses difficultés.

Par arrêté du Préfet de la Hte-Saône (2 août 1791 [1]), les municipalités reçurent l'ordre de faire lire en chaque

---

(1) Arrêté du Préfet de la Haute-Saône, concernant la Lettre pastorale de M. Flavigny, évêque (2 août 1791). (Extrait du Registre des Procès-verbaux du Directoire de la Haute-Saône) :

« A la séance du matin, tenue par le Directoire de la Haute-Saône, le 2 août mil sept cent quatre-vingt-onze, à laquelle ont assisté Pierre *Bailly*, Jean-Claude *Normand*, Nicolas *Noirot* et Claude-Etienne *Delaroche*, il a été fait lecture d'une « Lettre pastorale » de Monsieur Flavigny, évêque du département de la Hte Saône au clergé et à tous les fidèles de son diocèse. Le Directoire, considérant combien cet ouvrage peut contribuer efficacement à détromper les personnes séduites ou prévenues contre la « *Constitution civile du clergé* », décrétée par l'*Assemblée générale*, acceptée par le Roy; et sur la confiance que les administrateurs du département luy ont accordée, il croit ne pouvoir mieux y répondre qu'en leur annonçant, à ce titre, l'envoi de la Lettre de ce digne Evêque, en les invitant à entendre la lecture, qui doit leur être faite, avec le respect et l'attention qui luy est due.

« Qu'ils y reconnaîtront l'esprit et la charité dont le sage prélat est animé, que c'est le fruit d'un zèle pur et désintéressé, la preuve de sa sollicitude pastorale et l'expression de ses vertus ; que cet ouvrage qui ne respire que paix et charité, et dont le but principal est — en démontrant que l'Eglise est rappelée aux soins de sa Gloire et à la vigueur des premiers siècles du christianisme — de faire cesser tous les troubles qui divisent les citoyens; désirant bien sincèrement que cet écrit lumineux puisse, par l'autorité importante de ses raisons et de ses preuves, apaiser les doutes et calmer les consciences de tous ceux qui cherchent la vérité avec droiture et luy mériter cet heureux succès qui seul peut combler ses vœux : l'union des cœurs et des sentiments ; considérant enfin qu'il est du devoir de tous MM. les curés et vicaires de ce diocèse qui ont reçu ou recevront de M. l'Evêque du dé-

église, à l'issue du service, un écrit intitulé : *Lettre pastorale de l'Evêque Flavigny de la Hte-Saône au clergé et aux fidèles de son diocèse* [1]. La lettre reçue le 10 août, fut remise par le greffier de la ville, le lendemain 11, à midi, au curé Fourcault, « suivant son récépissé, de cette date ».

Les chefs de la Société populaire attendaient le curé à la première messe paroissiale. Qu'allait-il faire ? Obéir, ou se dérober ? Le dimanche 14, le prêtre monte en chaire, et termine l'office sans faire la moindre allusion à l'avis officiel qu'il avait reçu. L'attitude du prêtre fut le sujet de toutes les conversations pendant la semaine suivante. La municipalité fut convoquée pour le dimanche 21, à 7 heures du matin. Elle décida qu'une délégation se rendrait au presbytère pour rappeler le ministre du culte au respect de la loi.

« Attendu, dit la délibération, que dès lors, ce dernier, n'a point fait la publication ordonnée, les membres soussignés, assistés du greffier, se sont instamment transportés au presbytère, où ils ont rencontré un prêtre d'eux connu, l'abbé *Lautot* de Regiésan (Argiésans (Ht-Rhin) à qui il a été demandé si le Sr curé était en son domicile. Il a

---

partement cette « Lettre pastorale », d'en faire la lecture au prône de leurs paroisses.

« Arrête, après avoir oui le Procureur général *sin die* (sic) : Qu'en conséquence de l'envoy fait par M. Flavigny, évêque, de la Lettre pastorale à tous, Messieurs les curés et vicaires de ce diocèse, il est enjoint à toutes les municipalités du ressort d'en surveiller la publication aux prônes de leurs paroisses ; que dans le cas de négligence de la part des curés d'en faire lecture, elles leur en renouvelleront l'invitation, et que s'ils s'y refusent avec obstination, elles en dresseront procés-verbal qu'elles adresseront aux Directoires de leurs districts qui le feront parvenir à celui du département ; que la présente délibération sera imprimée et envoyée aux districts, et par eux aux municipalités de leur ressort pour y être lue et publiée et « registrée ». Enjoint enfin aux Procureurs « sindics » des districts et aux Procureurs des communes, d'en donner avis. Ont signé : Noirot, Bailly, Normand, Chevassu et Bardenet, procureur général. (Archives de Vesoul. Communication de M. P. Lods, commis d'inspection académique.)

(1) Voir au Supplément N° 1, *Extrait de la Lettre pastorale de M. l'Evêque Flavigny*, etc.

été répondu que celui-ci était absent, et que hier soir, il avait été prévenu par le Sr J.-B. Pilon, curé de Tavey, pour venir aujourd'hui célébrer l'office divin à Héricourt.

« Sur quoi, il a été exhibé la délibération, la Lettre pastorale, et le récépissé, avec invitation au S[r] curé, de lire la susd. Lettre pastorale.

« A quoi, le Sr Lautot a répondu qu'il n'avait aucune commission de le faire, qu'il ne l'avait pas, et que le Sr Fourcault serait de retour pour dimanche prochain. »

« En conséquence, les officiers municipaux se sont retirés en la maison commune où on a rédigé le présent procès-verbal pour être adressé au directoire de Lure, pour être transmis ensuite à Vesoul;

« Observant que le Sr Fourcault n'a jusqu'à présent jamais paru aux assemblées fédératives, ni assisté à aucune prestation de *serment civique* des citoyens de cette ville prescrit par la loi, notamment à celle du *14 Juillet dernier*, d'où après avoir assisté à l'église au *Te Deum*, il se retira sans assister au renouvellement du serment civique des citoyens. »

Signé : P.-N. Noblot; C.-F. Boigeol; Houzer; Christ. Picard; Grandgirard; J.-F. Rau (1).

Huit jours après, le curé Fourcault lisait en chaire une longue déclaration, relative à son refus de publier la

(1) Registre des Délib., p. 63.

Lettre pastorale. « Ce n'est point, disait-il, par obstination « que je ne vous lis pas cette lettre, mais uniquement « parce que ma conscience ne me le permet pas. »

Voici ce document :

« Messieurs,

« Je suis informé que, dimanche dernier, MM. les Officiers municipaux de cette ville sont venus à la cure me requérir de publier un imprimé qu'ils m'ont fait remettre et qui a pour titre : « *Lettre pastorale de M. l'Evêque du département de la Haute-Saône au Clergé et aux fidèles de son diocèse* »; et que nonobstant les représentations du prêtre que j'avais commis à la célébration des offices du dimanche dernier, Messieurs les Officiers municipaux, quoiqu'instruits de mon absence et de mon retour prochain, sans m'attendre ont verbalisé contre moi, y observant que, jusqu'à présent, je n'ai point paru aux assemblées fédératives, ni assisté à aucune prestation de serment civique des citoyens de cette ville, notamment à celle du quatorze juillet dernier, où, disent-ils, après avoir assisté à l'église au *Te Deum* chanté, je me retirai, sans assister au renouvellement du serment civique, observations qui tendent à me faire regarder aux département et district comme un curé sans patriotisme.

« Vous savez cependant, Messieurs, que j'ai moi-même célébré solennellement tous les offices que vous avez désiré, et que j'ai concouru avec vous, à toutes les réjouissances publiques que vous avez faites relativement à la Constitution, notamment le 14 juillet dernier. Vous vous souvenez que je me suis empressé, en 1789, de vous annoncer la suppression des droits féodaux, et tous les décrets favorables aux intérêts des citoyens, que j'ai assisté à la bénédiction solennelle des drapeaux des soldats nationaux de cette ville et aux serments qui y furent faits, et que j'ai prêté mon serment civique devant vous le 6 février dernier. Si je n'ai pas paru à d'autres assemblées des citoyens, c'est que la loi ne m'y obligeait pas ; c'est que j'ai craint d'être compromis dans les débats qui s'y sont passés et les procès que vous savez en être résultés (1), ou parce que les fonctions de mon ministère m'appelaient alors ailleurs.

« Maintenant, pour satisfaire, autant que je le puis, à la réquisition que Messieurs les Officiers municipaux m'ont faite en mon absence, dimanche dernier; après vous avoir engagé à prier Dieu, l'avoir prié moi-même de m'éclairer et me diriger dans une circonstance aussi importante et y avoir plusieurs fois et très sérieusement réfléchi, je vous déclare à tous, Messieurs, que ce n'est point par obstination que je ne vous lis pas cette lettre pastorale, mais uniquement, parce que ma conscience ne me le permet pas et que je vous prie d'observer, qu'en conformité de mon serment civique et même des principes insérés dans la lettre de communion écrite au pape par M. Flavigny, le 2 mai dernier, où il dit, page 9e : *« qu'il approuve tout ce que l'église catholique, apostolique et romaine approuve et qu'il condamne tout ce que cette église condamne*, je suis prêt à reconnaître publiquement M. Flavigny pour notre Evêque et à vous publier tout ce qui émanera de lui, en cette qualité, dès que je serai assuré que l'Eglise catholique, apostolique et romaine aura reconnu M. Flavigny pour notre seul vrai et légitime actuel Evêque, et qu'en attendant cela, je resterai toujours entièrement soumis à l'autorité civile, en tout ce qui la concerne, conformément à mon serment civique (2).

---

(1) Allusion aux procès Frézard et Perdrizet que nous avons relatés pag 41 et 46.

(2) Flavigny (1731-1816), curé de Vesoul, fut nommé évêque par le collège électoral, le 13 mars 1791, en l'église St-Georges de Vesoul, à l'issue la messe. On applaudit à cette nomination : « Ce sont les vertus et le civisme de cet honorable curé qui l'ont porté à cette éminente dignité (*). A peine installé, son premier acte fut de publier un mandement aux fidèles de son diocèse. Ce mandement, conciliant et libéral, lui assura toutes les sympathies des citoyens partisans de la Révolu-

(*) Lettre du Directoire de Vesoul à Louis XVI.

« En conséquence, je vous prie, Messieurs, et vous requiert ici avec instance et respect devant toute l'assemblée, de dresser aujourd'huy procès-verbal de tout ce que

---

tion; le Directoire de Vesoul, décida que cette lettre pastorale serait envoyée à toutes les communes et lue aux fidèles de chaque église. » Le lecteur connaît l'accueil que lui réserva le curé d'Héricourt. Pendant les premiers temps de son nouveau sacerdoce, Flavigny fut un homme heureux. Tout semblait lui sourire; de manières douces et avenantes, il était partout accueilli avec empressement. Tel autrefois Fénelon, il se promenait simplement en sa bonne ville de Vesoul, s'entretenait familièrement avec les gens et, à l'occasion, ne dédaignait pas de parler patois aux bonnes femmes de la campagne ». Mais ces heureux jours ne devaient pas tarder à s'assombrir. La fête de « l'Etre suprême » devait marquer le commencement des difficultés avec les autorités civiles. Elle eut lieu. Flavigny brillait par son absence car, dit le Procureur, « je lui avais fait défense de faire aucune fonction reli- « gieuse ce jour-là, de sorte que nous avons été complétement les « maîtres de l'ex-cathédrale. » Le lendemain de la fête de l'Etre suprême, un rassemblement criminel eut lieu à Vesoul. L'évèque fut accusé de l'avoir provoqué, et le 28 prairial an II, il fut arrêté par ordre du citoyen Lejeune, alors en Franche-Comté en qualité de commissaire de la Convention, et conduit à Besançon où « il restera consigné, dit le mandat d'arrêt, sous la direction des autorités constituées, à la charge par le citoyen Flavigny de se présenter chaque jour à l'agent national. » (20 floréal an II). Son séjour forcé à Besançon se prolongea jusqu'au 20 sept. 1794. A cette date, la Convention, sur la proposition de Cambon, décréta « que la République ne paierait plus les frais et le salaire du culte. » Ce fut le prélude de la Séparation de l'Eglise et de l'Etat, et le commencement de la liberté religieuse (*).

Flavigny, l'ancien évêque constitutionnel rentra à Vesoul, en avril 1795, à la chute de Robespierre.

De grandes manifestations saluèrent son retour : un feu de joie fut allumé devant la maison épiscopale. Après la signature du Concordat (15 juillet 1801), Flavigny se démit de la prélature qu'il avait exercée pendant onze années, reprit son ancien titre de curé de Vesoul, et ses habitudes de vie paisible et charitable. Ce fut un bon et digne citoyen (**).

Il mourut le 31 mars 1816 *sans s'être rétracté*. Il fut inhumé dans le cimetière de sa ville natale. Une simple pierre tombale, servant au-

(*) Extrait d'une Notice fort intéressante : *Le Clergé de la Haute-Saône pendant la Révolution*, par L. Monnier, professeur agrégé au Lycée de Vesoul.

(**) Voyez *La Chronique de l'Eglise de Vesoul*, par l'abbé Morey. Imprim. P. Hoffmann, Montbéliard, 1886.

je viens de vous dire et dont je vous ai remis copie exacte, signé de moi par les mains de votre secrétaire greffier, d'envoyer au plus tôt au Directoire du Département de la

---

jourd'hui de dalle en une allée du champ de repos, disparaissant en partie sous le sable du chemin et les feuilles des arbres, indique à peine la place où repose celui qui fut un des personnages éminents de son époque, un des princes de l'Eglise schismatique.

L'oubli est navrant.

Voici son épitaphe, simple comme sa vie, sans faste, sans affectation ; pas un mot ne décèle l'éminente dignité où l'avaient appelé le vœu de ses compatriotes et la confiance du gouvernement de la République :

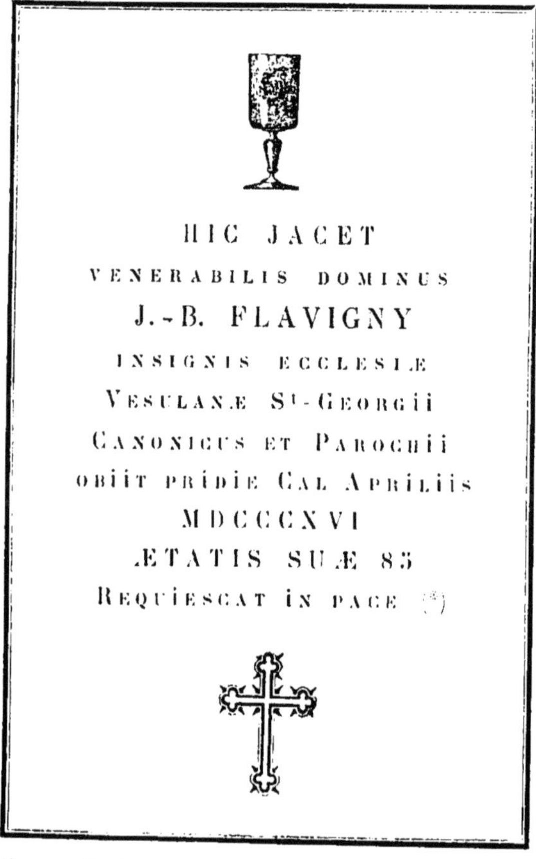

(*) *Communication de M. P. Lods, déjà cité.*

Haute Saône et du district de Lure, l'expédition de votre procès-verbal d'aujourd'huy, en conformité de l'arrêté du département du 2 août, et de m'accorder acte de tout, ainsi que votre équité et votre bonté me donnent droit de l'espérer.

« A Héricourt, au prône de la messe paroissiale du dimanche 28 août 1791.

« J.-B. FOURCAULT, prêtre, curé d'Héricourt. »

Le procès-verbal de la déclaration fut envoyé au Directoire de Vesoul et au district de Lure.

« Malgré tout cela, ajoute le curé Fourcault, qui avait transcrit la teneur de sa déclaration et le procès-verbal y annexé (que nous rappelons en note) sur le *Registre des actes de naissances*, etc., l'on n'a pas laissé que de nommer à la cure d'Héricourt, pour m'en «*déjeter*,» le 4 sept. suivant, M. Fascenot, vicaire de St-Sulpice; mais qui, après avoir consulté M. de Durfort, archevêque de Besançon, retiré à Soleure, a refusé d'accepter cette cure; c'est pourquoi, sans aucun obstacle, j'ai continué mes fonctions de curé » (1).

Traduction de l'épitaphe ci-contre :

Ici repose
Vénérable seigneur
J.-B. Flavigny,
Chanoine et curé
de l'unique église
St-Georges de Vesoul,
décédé la veille des calandes d'Avril
le 31 mars 1816,
âgé de 85 ans.
Qu'il repose en paix.

(1) Registre des actes de naissances (culte cath. d'Héricourt, GG. 5, p. 141-142.

Copie collationnée du Procès-verbal dressé par les paroissiens catholiques d'Héricourt de la « déclaration publique » faite à l'église du lieu par le Sr Jean-Baptiste FOURCAULT, *curé de la ville, de « son refus » de lire et publier un imprimé à lui remis par la municipalité, et intitulé : « Lettre pastorale « de M. l'Evêque du département de la Hte-Saône au Clergé « et aux fidèles de son diocèse » :*

« L'an 1791, le 28 août, au presbytère, à l'issue de la messe paroissiale, célébrée en l'église dud. lieu, le jour du Dimanche, par M. J.-B. Fourcault, prêtre, curé du même lieu, est comparu le Sr Fourcault, par devant les officiers et notables catholiques d'Héricourt, ci-après dénommés : François *Houzer*, officier municipal, Gérard *Frézard*, notable ; Jean-Joseph *Lardemer*, aussi notable, et Claude-Nicolas *Frézard*, greffier de lad. municipalité et notaire pourvu par le Roy ; comme encore Christophe *Richardot*, sergent dud. Héricourt au service de la municipalité, qui en a averti ce matin tous les autres membres, même le procureur de la commune pour se rencontrer à lad. messe, à laquelle ils ne se sont point trouvés ;

« Avec lui et les membres cy-dessus dénommés, ainsi que beaucoup d'autres paroissiens dud. Héricourt, notamment le *maire de la municipalité de St-Valbert* (1) et autres habitans de ce lieu, en dépendans et tous souscrits, lesquels reconnaissent et attestent que led. Sr Fourcault, montant en chaire pour faire le prône, a fait remettre au greffier de la municipalité, copie d'un écrit qu'il a lu en chaire et qui est signé de lui, et qui demeure cy annexé, paraphé et signé de tous les souscrits, avec requisition de lui en accorder le présent acte qui lui a été octroyé, tant par lesd. membres de la municipalité que son greffier, en présence des paroissiens qui tous en attestent, pour ce qui est à leur connaissance, la teneur sincère et fidèle, en manifestant leur désir ardent de conserver, s'il est possible, led. Sr Fourcault pour leur pasteur.

(1) Le maire de St-Valbert s'appelait Cinq.

« Signé à la minute : F. Houzer ; G. Frézard ; Jacques Guéritey ; G. Calmelet ; Bersot ; Lubert, assesseur ; Monnoye fils ; Jurin ; Boutet ; Hécard ; Hécard fils ; Berger ; Joseph Garret ; Léger Saulnier ; Nicolas Belot ; F. Pillard ; G.-F. Guichard ; Jean-Claude Petitot ; Claude Lénard ; Monnoye père ; F.-J. Cinq ; J. Mayer ; F. Giscard ; François Course ; Joseph Roux ; Jean-Baptiste Lacroix ; F. Jacquemain ; Baret ; Thomas Zeller ; J.-B. Fourcault et Frézard, greffier [1].

Fourcault se démit de sa charge le 31 décembre 1791. Il continua à résider au presbytère. Et sa présence à Héricourt, empêcha successivement deux prêtres, assermentés et nommés par l'évêque, à venir s'installer dans leur nouvelle paroisse, la cure n'étant pas libre ; et bien que prévenu à différentes reprises d'avoir à quitter son logement, le prêtre ne tint aucun compte, et cet état de choses subsista jusqu'en mai 1792.

Expulsion du curé Fourcault. — En présence de cette situation illégale, la municipalité d'Héricourt résolut d'y mettre un terme. Le procureur de la ville fut saisi de l'affaire, et le lendemain, celui-ci remit sur le bureau de la mairie un réquisitoire demandant l'expulsion du curé Fourcault.

Voici la réquisition du procureur C.-F. Boigeol. Nous abrégeons ce document :

« Attendu qu'il serait à désirer que le Sr Fourcault, cidevant curé d'Héricourt, *réfractaire* à la loi, et remplacé deux fois, ait depuis longtemps évacué la cure ; que ne le faisant pas, il est à craindre que lui et ses suppôts ne fomentent rixe contre les bons citoyens et particulièrement contre les protestants ;

« En conséquence, et pour augmenter et entretenir la paix et l'harmonie entre les citoyens dud. Héricourt, le

---

(1) Extrait des minutes du greffe de la Municipalité d'Héricourt.

procureur requiert la municipalité de notifier au Sr Fourcault, non-seulement le décret *qui défend à tout prêtre réfractaire de sermonner et de ne faire d'autres fonctions que de dire la messe;* mais que n'étant plus sensé être curé d'Héricourt, il ait à évacuer, dans le plus bref délai, le presbytère, afin que l'administrateur, nommé par M. l'Evêque de la Haute-Saône, pour desservir la paroisse, puisse y venir fonctionner incessamment. »

« Le Conseil municipal, réuni le 4 mai 1792, délibéra qu'il serait notifié au Sr Fourcault, ci-devant curé d'Héricourt de se conformer au décret du 5 février 1792 qui déclare *« que les prédicateurs sont compris parmi les fonctionnaires publics tenus de prêter serment; »* et qu'aux termes du décret du 27 novembre 1791, *nul ne peut prêcher dans quelque église que ce soit, sans avoir au préalable justifié de la prestation de serment, conformément à la loi ;*

« Que n'étant plus sensé être curé d'Héricourt, ni faire les fonctions qui concernent l'administrateur nommé, il ait dans les *vingt-quatre heures*, pour tout délai, à évacuer le presbytère d'Héricourt, sinon et faute par lui de le faire, il y soit contraint par les voies de droit » (1).

Fourcault dut céder ; il évacua le presbytère sans attendre l'arrivée de l'huissier, et en août 1792, il quitta définitivement Héricourt. Son confrère de Tavey, le prêtre Claude-Jean Baptiste Pilon, également réfractaire, le suivit dans sa retraite.

François-Nicolas *Damotte* (1792-1793) succéda à Fourcault en qualité d'administrateur des paroisses réunies d'Héricourt et Tavey. Prêtre constitutionnel, Damotte a laissé de son passage à Héricourt le souvenir d'un homme tolérant et ami de la paix.

François Pierre *Artus* (mars 1793 - décembre 1793), originaire de Faucogney (Hte Saône), succède à Damotte, également administrateur des paroisses d'Héricourt et de Tavey ; comme son collègue Méquillet, il fut un sincère

(1) Archives d'Héricourt. Reg. des Délib., p. 105.

partisan de la Révolution et comme lui, il en répudia les excès.

En vertu de la loi du 1er août 1792, Artus, en prenant possession de son poste, prêta le serment civique, en ces termes : *« Je jure d'être fidèle à la Nation, de maintenir de tout mon pouvoir la Liberté et l'Egalité, et de mourir à mon poste. »*

Son ministère à Héricourt fut de courte durée. Le 14 frimaire, an II (4 déc. 1793), il se démit de ses fonctions entre les mains de la municipalité et en demanda acte (1).

Quelques jours avant sa démission, la Convention abolissait le culte en France 20 brumaire an II, (10 nov. 1793). Il ne fut plus alors question de lui donner un successeur, et la vacance se prolongea même après la réouverture des églises (1795), et se continua jusqu'à l'année 1803. Durant cet intervalle, quelques prêtres de passage célébrèrent la messe et autres actes du culte en l'église d'Héricourt. On cite les abbés Sylvestre, Hugues, Grézel ; ce dernier fut plus tard curé de Tavey.

Jean-Thomas *Labeuche* (1803-1805) recommença la nouvelle série des prêtres catholiques qui s'est continuée sans interruption jusqu'à nos jours.

---

(1) Archives d'Héricourt. Reg. des Délib., p. 147.

CHAPITRE VI

1792, 9 Nov. : **Inventaire des églises catholique et protestante. — Délibération du Conseil municipal. — Les vases sacrés envoyés à Bernard de Saintes. — L'usage qu'il en fait. — Vente du presbytère protestant. — Aperçu historique de cette propriété — G.-F Méquillet, acquéreur. — Presbytère catholique. — C.-N. Frézard, acquéreur. — Aperçu historique du presbytère.**

Inventaire de l'église mixte d'Héricourt. Culte catholique.

En exécution de la loi du 10 septembre 1792, relative à la confection de l'inventaire des meubles, effets et ustensiles, en or et en argent, employés au service du culte, il fut procédé à cette opération, le 9 novembre de la même année.

« A cet effet, dit la délibération du Conseil général d'Héricourt, il a été choisi la personne de Philippe Bonnot, greffier en exercice de la dite municipalité, qui, ayant accepté la commission a instamment prêté serment, requis en pareil cas, et s'est transporté en la maison curiale (1) où il se serait adressé au sieur Damotte, curé desservant la paroisse du lieu, qui l'aurait conduit en l'église même, à la sacristie, où il lui aurait ouvert un buffet dans lequel se sont trouvés :

1. Un calice avec sa patène ;
2. Un très petit ostensoir ;
3. Un saint ciboire ou pixide dans le tabernacle ;

(1) Le presbytère catholique actuel, rue de l'Eglise.

4. Une autre petite pixide portative dans le pied de laquelle est renfermée l'huile des infirmes, servant à porter les sacrements au dehors ;

5. Une petite soucoupe à laquelle sont attachés deux petits vases ; l'un contenant l'huile des catéchumènes, et l'autre le saint-chrème pour les baptêmes, le tout en argent qu'il emploie au service de son culte. »

Inventaire de l'église mixte d'Héricourt. Culte protestant.

De là, ledit Bonnot s'est transporté en la maison ([1]) du Sr Méquillet, ministre, qu'il aurait également requis de lui exhiber les meubles, effets et ustensiles en or et en argent qu'il emploie au service de son culte. Il lui aurait représenté :

1. Un ciboire ;

2. Deux coupes, en argent, et n'en a point d'autre, ajouta le ministre.

De tout quoi, il a été dressé le présent procès-verbal pour valoir et servir ainsi qu'il appartiendra.

Signé à la minute : Bonnot, commissaire *ad hoc* ; Schom, maire ; Martial Ganny ; François Bailly ; J.-Frédéric Rau ; Metzger ; J.-N. Vaisseaux ; François Picard ; J.-Christ. Vaisseaux et Freterich Paignot ([2]).

Ces différents objets servant à la célébration du culte, tant catholique que protestant, furent déposés en la salle des archives de la mairie d'Héricourt. Ils n'y restèrent que fort peu de temps. Dans le mois qui suivit leur dépôt, le Conseil général d'Héricourt prit une délibération par laquelle il se dessaisissait des « vases sacrés » en les envoyant au conventionnel Bernard de Saintes, alors *en mission* à Montbéliard ([3]).

---

(1) Maison no 1, rue des Asiles.

(2) Archives d'Héricourt. Délib. p. 147.

(3) Extrait de la Délibération concernant les vases des églises etc.... Ce jourd'huy 4 nivôse an II (24 déc. 1793), il a été représenté par le maire qu'il se trouvait dans les archives les ornements et habille-

Le conventionnel Bernard de Saintes qui s'était installé à Montbéliard, avait aussi dans ses attributions l'organisation administrative, politique et religieuse de la Haute-Saône. Religieuse surtout ; il ne le cachait pas ; par tous les moyens, il voulait arriver à « *défanatiser* » le peuple. Ce fut par ses ordres que le Conseil général d'Héricourt prit une délibération [1] concernant la destruction de tous les signes extérieurs du culte ; qu'on enleva une des cloches de l'église, et par ordre également qu'on remit entre ses mains les objets et ustensiles enlevés aux deux cultes d'Héricourt.

Au sujet des vases sacrés, sa correspondance avec la Convention est parfois fort suggestive ; après avoir autorisé les municipalités à vendre les coupes et autres objets du culte, comme une marchandise vulgaire et banale, il se montre dégagé de tout préjugé à cet égard, en faisant servir les vases sacrés à ses libations, et « sans crain-« dre le châtiment céleste, disait-il, il boit dans cette « coupe divine »; de cette façon, la coupe consacrée jadis « à l'imposture, sert à porter des santés à la république « et à ses défenseurs » [1].

Parfait ; on sablait le champagne dans les vases sacrés enlevés aux églises ! moyen infaillible, assurément de

ments du culte catholique et les vases tant en argenterie qu'en cuivre des deux cultes d'Héricourt, de même que ceux servant au culte protestant de Brevilliers et d'Echenans-sous-Montvaudois, désignés dans un procès-verbal ; il demande qu'il soit délibéré si ces ornements et ustensiles seront envoyés en droiture à la Convention, ou à Bernard, représentant du peuple en mission à Montbéliard.

La matière mise en délibération, il a été délibéré que les citoyens Noblot, maire et Minal, procureur, seraient députés à Montbéliard auprès du représentant pour lui remettre lesdits ornements et vases, et en rapporter quittance, et que copie en serait envoyée à la Convention ; de même aussi, s'informer auprès du citoyen Bernard ce qu'il conviendrait de faire des habillements servant au culte catholique, suivant le verbal dressé desdits linges et effets.

Signé : Bailly, Paignol, Dolfouss, Debard, Lods, Minal et P. C. Noblot, maire. (Arch. d'Héricourt. Délib. p. 187.)

(1) Lettre adressée par Bernard à la Convention. 30 nivôse an III (19 janv. 1794). (Voyez *Bernard de Saintes*, par M. A. Lods).

« *défanatisation* » des masses et pour lequel Bernard avait, dit-on, des aptitudes toutes spéciales. — Quels gaillards que ce proconsul et ses acolytes !

Une année s'était à peine écoulée, depuis ces événements, que Bernard fut appelé à Paris et mis en demeure de se disculper devant la Convention. De graves accusations, venant des provinces de l'Est qu'il avait administrées, pesaient lourdement sur sa conduite, et parmi les griefs formulés se trouvait celui « d'avoir bu du cham« pagne dans un calice et mangé de la fricassée de poulets « dans un ciboire » [1].

---

(1) *Pays de Montbéliard*, par Ch. Roy. p. 215.

On rapporte que quelques années après la restauration du culte public, les fils du pasteur G.-F. Méquillet, négociants de Paris, tinrent à honneur d'orner la table de communion du temple où officiait leur père, en offrant les « vases sacrés » destinés à remplacer ceux qui avaient été enlevés pendant la tourmente révolutionnaire et employés aux usages que l'on sait par le jovial, sinistre et sanguinaire conventional Bernard. Ce témoignage de pieuse reconnaissance à l'église du pays natal honore tout à la fois et le père et les fils ; et dans ce fait si simple et si touchant, il n'y a rien qui puisse étonner, émanant d'une famille où l'attachement à la religion était une tradition.

Vente des Presbytères

Les biens seigneuriaux et « ecclésiastiques » sont acquis à l'Etat par décret du 2 novembre 1789. Une année après, il intervint une exception concernant les biens possédés par les établissements des protestants des anciennes seigneuries de la principauté de Montbéliard. Le décret du 1-10 décembre 1790, de l'Assemblée nationale porte ;

Art. 1er. — « Les biens possédés actuellement par les établissements des protestants des deux confessions d'Augsbourg et Helvétique, habitants la ci-devant province d'Alsace et des terres de Blamont, Clémont, Héricourt et Châtelot *sont exceptés de la vente des biens nationaux* et continueront d'être administrés comme par le passé » [1].

On verra dans la suite le peu de cas que l'on fit de ce décret. On fit semblant de l'ignorer... et les biens des protestants furent vendus, en 1796, au profit de l'Etat.

Malgré le décret du 2 novembre 1789, les membres du clergé continuèrent à résider en leurs demeures respectives, jusqu'au 20 brumaire an II (10 nov. 1793), date de l'« Abolition du culte ». Les prêtres, étant alors rendus à la vie civile, furent mis en demeure de « quitter leur domicile ».

Même avant cette date, les bâtiments presbytériaux furent amodiés au profit de l'Etat, comme les biens nationaux. « Le presbytère catholique était à cette époque « occupé par l'atelier du salpêtre et par Damotte, régent « d'école catholique qui y tenait sa classe ». Une loi de la Convention, réorganisant les écoles, avait décidé que l'instituteur serait logé dans le presbytère et ferait classe dans une chambre appropriée à cet effet [2].

---

(1) Voyez *Législation des cultes protestants*, par M. A. Lods p. 20, et Supplément n° 2, Lettre inédite de M. Kilg, pasteur à son collègue M. G.-F. Méquillet, suivie du Décret du 9 sept. 1790.

(2) Archives d'Héricourt. Délib. du Conseil général, 26 fructidor an II (4 septembre 1793).

Le Presbytère protestant. — Dans la même délibération, il fut question d'amodier le bâtiment qu'occupait « le ci devant ministre Méquillet ». Le Conseil fit remarquer que cette dernière maison avait été bâtie par la commune de ce lieu, mais que le terrain sur lequel elle est fondée a été acquis par divers particuliers, de même que les jardins, aisances et dépendances ; qu'en conséquence il y a lieu de croire *« qu'elle ne peut être amodiée au profit « de la nation; qu'au contraire, elle doit rester à la commune « qui pourra y loger ses institutrice et instituteur »* (1).

Le 15 nivôse an III (5 janvier 1795), nouvelle délibération, nouvelle revendication visant le presbytère comme propriété communale.

« Tout en déclarant, dit la délibération, que dans la commune il existe deux presbytères à la disposition de la nation, en assez bon état, le Conseil fait remarquer que le terrain sur lequel est fondée la maison ci-devant curielle protestante occupée actuellement par le citoyen Georges-Frédéric Méquillet, ci-devant ministre dudit culte, lequel a abdiqué depuis environ quatre mois, appartient aux ci-devant sectateurs luthériens, comme l'ayant acquis et payé de leurs propres deniers au ci-devant tyran de Wurtemberg » (2).

---

(1) 8 sept 1792 : Organisation de l'instruction primaire à Héricourt. Réunion des écoles catholiques et protestantes. Suppression des maîtresses d'école (1794). « Comme il n'y avait ni femme ni fille capable « de remplir le vœu de la loi, le Conseil propose le citoyen Charles « Boilloux pour diriger l'école des filles. » — Instituteurs : Damotte, Mellezé et Boilloux. (Voir *Recherches historiques sur l'instruction primaire à Héricourt* par Ch. Canel. *Revue d'Alsace* (1883-1884).

(2) Voici l'origine de cette propriété actuellement, en 1907, n° 1, rue des Asiles :

En 1784, les bourgeois protestants d'Héricourt, s'adressèrent par l'intermédiaire du Conseil de Régence au duc Charles-Eugène de Wurtemberg, prince de Montbéliard, pour le prier de leur accorder un terrain dépendant du vieux château, et occupé par une blanchisserie. Ils étaient dans l'intention d'y construire un presbytère pour leur ministre. (On se rappelle qu'en 1700, le presbytère protestant situé à côté du temple, était devenu la résidence du curé). Le terrain en ques-

Vente du Presbytère protestant. — Le 24 messidor an V (12 août 1796), il a été procédé à l'estimation, en revenu et en capital par le citoyen *Ernest Guillaume Wœlffel*, demeurant à Clairegoutte, expert par délégation du département de la Haute Saône, et *Schom* père demeurant à Héricourt, expert du citoyen *Jean-Claude Corne*, notaire à Eprel, par sa soumission du sept prairial dernier, en vue d'acquérir le presbytère protestant, mis en vente comme « bien national ».

Les dits experts, accompagnés du citoyen *Lubert*, commissaire du pouvoir exécutif près l'administration municipale du canton d'Héricourt, ont été d'avis de fixer le

revenu annuel du presbytère protestant à	250 £	
lequel multiplié par 18, d'après la loi, donne en capital, quatre mille cinq cents livres		4.500 £
Du jardin, à un revenu de cinquante livres.	50	
lequel multiplié par 22, donne un capital de onze cents livres		1.100
Total en revenu et en capital . .	300 £	5.600 £

tion avait pour limites : « au levant, le pont de l'entrée du château, au septentrion, les murs dudit château et au midi le chemin communal, et avait une contenance de deux quartes moins quatre toises, environ 15 ares. La propriété fut cédée aux bourgeois, le 12 juillet 1784, pour la somme de six cents livres (600 livres). L'adjudication des travaux fut donnée à Héricourt, le 27 novembre 1784, en présence de M. Thiébaud, subdélégué de Baume-les-Dames, pour la somme de 7,700 livres tournois. Les travaux, commencés en 1785, sur les plans et devis de l'architecte Bassignot de Baume, furent achevés en 1787 et payés en partie seulement par la commune, au moyen de sommes provenant du quart de réserve et de la vente de la maison du diacre, le reste au moyen de sommes provenant de la générosité des protestants d'Héricourt et de Montbéliard. Le pasteur Eberhard Georges Méquillet, y entra pour y mourir en 1787. Son fils, Georges-Frédéric Méquillet (1786-1831) lui succéda. La maison du diacre appartenant à la ville fut vendue pour la somme de 1500 livres à Pierre Noblot. (Archives d'Héricourt. Reg. des Délibérations. Voir l'*Eglise d'Héricourt* par A. Chenot, p. 118).

Observation du citoyen Lubert. — « Dans le cours de nos opérations, il a été observé par le citoyen Lubert (1), commissaire, que cet édifice avoit été destiné, par la municipalité, au logement d'un instituteur d'école primaire, qui doit être placé à Héricourt, d'après l'arrêté de l'administration municipale dud. lieu; conformément à la lettre du Ministre de l'Intérieur, ce bâtiment ne peut être aliéné, avant que l'administration départementale n'ait statué sur cet arrêté ».

La réclamation de la municipalité fut rejetée et, en exécution de la loi du 28 ventôse dernier, le presbytère protestant fut vendu, à Vesoul, le 24 thermidor an IV, au citoyen *Jean-Claude Corne*, notaire, représenté par le citoyen *Georges-Frédéric Méquillet* pour la somme de 5.600 livres, « ce présent et acceptant, — dit l'acte de vente — pour lui et ses héritiers » ou ayant cause, les domaines nationaux, dont la définition suit... (2)

Personne ne les connaissait mieux que G.-F. Méquillet qui les occupait depuis de longues années.

Vente du Presbytère catholique (9 thermidor an IV). — Aucune opposition n'ayant été soulevée relative à la mise en adjudication, la vente eut lieu le 9 thermidor an IV, quelques semaines avant celle des domaines protestants. Les deux expertises d'estimation eurent lieu à la même époque.

Estimation de la cure catholique. — Le revenu annuel dud. presbytère est évalué à deux cents soixante-dix

livres	270 £	
lequel multiplié par 18, d'après la loi, donne un capital de		4.860 £
Le jardin attenant, à un revenu annuel de 20 livres	20	
lequel multiplié par 22, d'après la loi, donne un capital de		440
Total en revenu et en capital . .	290 £	5.300 £

(1) Voyez *Note sur Lubert Louis*, page 49.

(2) Archives de Vesoul. Dépt. fol. 480r. Extrait du procès-verbal d'estimation. Communication de M. P. Lods.

Le presbytère fut vendu, à Vesoul, à la date ci-dessus et adjugé au citoyen *Pierre Blandin*, accusateur public, représenté par le citoyen *Claude-Nicolas Frézard*, notaire à Héricourt, « ce présent et acceptant pour lui et ses héritiers » pour la somme de 5,300 livres [1].

(1) *Aperçu historique sur le presbytère catholique.* — Il est de date fort ancienne, vraisemblablement aussi ancienne que celle de l'église. La construction d'une église appelle la construction d'un presbytère. Tout s'enchaîne. En 1530, lors de la reconstitution de la confrérie de St-Christophe sous le nom de *Familiarité*, les chapelains, au nombre de six, y compris le curé, furent autorisés, par leurs statuts, à vivre en commun, et la maison curiale devint le siège de la petite communauté.

A l'époque de l'introduction de la Réforme religieuse à Héricourt (15 mars 1562), le ministre remplaça le curé. L'école se tenait alors au presbytère. Sur la réclamation du ministre que ce voisinage incommodait, le Receveur de la municipalité « propose que l'on sépare l'école de la maison du ministre, et que *celle-ci reste auprès de l'Eglise.* » Le presbytère menaçait ruine ; il fut arrêté qu'il serait démoli et reconstruit à neuf. Le nouvel édifice devint la maison curiale du pasteur Jean Larcher et de ses successeurs, jusqu'à la conquête de la Franche-Comté par Louis XIV, conquête qui amena le rétablissement du culte catholique, à Héricourt (5 juin 1700) et du curé au presbytère. — Voici la Révolution. De graves et profonds bouleversements vont se succéder. Plus de culte privilégié : Prêtres catholiques, prêtres protestants devront quitter leurs presbytères « *qui seront transformés en maisons d'école dans toute l'étendue de la République* (*). Education populaire ! Pensée noble et généreuse, mais combien éphémère ! L'année 1796 vit les deux presbytères d'Héricourt vendus aux enchères publiques comme de vulgaires « *biens communaux* ».

Le Concordat réorganise le culte (**) ; le clergé, salarié par l'Etat, se logera où il pourra : « *le pape renonce à toute espèce de revendication sur la vente des biens ecclésiastiques* ».

Retournons à quelques années en arrière.

Claude-Nicolas Frézard prit possession du nouvel immeuble et suspendit les panonceaux du notaire sur la porte principale du logis. Son fils Hippolyte lui succéda en sa charge : à ses moments de loisirs, il cultivait les muses, ainsi qu'en témoigne un distique gravé par le jeune tabellion sur la vitre d'une fenêtre de son étude. Tel autrefois François Ier gravant sur le vitrail du palais de Chambord, la fameuse boutade rimée :

Souvent femme varie
Bien fol qui s'y fie.

(*) Décret du 7 brumaire an III. — (**) 18 germinal an X.

— Qui s'attendait à voir François Ier en cette affaire ?

Voici le distique quelque peu satirique que Frézard a buriné sur sa vitre :

« Quiconque est riche est tout ; sans sagesse, il est sage,
« Il a, sans rien savoir, la science en partage.

Aux Héricourtois.

FRÉZARD Hypolyte *(sic)* 1817.

Cette satire rimée, moins célèbre que la boutade du volage monarque, est d'une fort belle venue et d'une raillerie fine et mordante.

Nous devons à l'extrême obligeance de M. l'abbé Retz, curé doyen, l'intéressante inscription ci-dessus relatée que l'on peut lire sur une vitre de la salle à manger du presbytère. Nous lui en adressons nos sincères remerciements.

Fermons la parenthèse. Le presbytère a repris sa destination primitive. Le curé Vuillemain, assure-t-on, en devint le propriétaire, vers 1842, et le laissa par testament, à l'archevêché de Besançon. Depuis il abrita successivement les prêtres Gatin H. (1854-1875), Mougeot C.-F. (1875-1885) et Retz. A. (1885...)

Cette modeste maison curiale conservera-t-elle longtemps encore sa traditionnelle affectation ?

Un avenir prochain nous le dira.

CHAPITRE VII

Abolition du culte, 10 brumaire an II (20 novembre 1793). — **Culte de la « Raison ». — La Société populaire occupe l'église. — Autel de la Patrie dans le chœur. — Culte de l'Etre Suprême,** 18 floréal an II (7 mai 1794). — **Baptême sur la Rouchotte. — Fête et Feux de joie. — Acte de profanation. — Principaux jacobins.** — *Pétrole-Pavot* **Damotte, le régent** (4 mai 1794). — **Chants patriotiques. — Le « Çà ira », la « Carmagnole », Suppression des emblèmes religieux,** 16 prairial an II (3 juin 1794).

Un décret de la Convention abolit le culte le 20 brumaire an II et y substitua le culte de la Raison imaginé par Anacharsis Clootz ([1]) et Anaxagoras Chaumette ([2]).

Sur la demande de la commune de Paris, l'église de Notre-Dame fut consacrée au nouveau culte, et une fête solennelle y fut célébrée, en grande pompe. Une actrice de l'Opéra, Mlle Maillard y figurait la Raison.

La province imita Paris. Le temple de Saint-Martin à

(1) *Clootz* (J.-B. du Val-de-Grâce, baron de), plus connu sous le nom d'*Anacharsis* (1755-1794). Prussien de nationalité, il vint à Paris à l'époque de la Révolution, entra au club des Jacobins. Sa propagande anti-religieuse et patriotique lui valut le titre de « citoyen français ». Entré à la Convention, il fut compris dans les accusations que Robespierre dirigea contre les Hébertistes et condamné à mort par le tribunal révolutionnaire.

(2) *Chaumette* Pierre-Gaspard, né à Nevers (1763-1794). Avec Clootz, le propagandiste de la réaction anti-religieuse, il favorisa la « débaptisation, (il avait pris le nom d'*Anaxagoras*) et demanda qu'on rendit un culte à la Raison. A la chute d'Hébert, il fut arrêté et exécuté.

Montbéliard fut dédié à la Raison, et une jeune et jolie citoyenne, Mlle Catherine-Elisabeth Morel, y représentait la nouvelle déesse aux jours de fètes et de réjouissances publiques. L'autel de la Patrie fut érigé sur le champ de foire.

Nous transcrivons la lettre que le Conseil municipal de Montbéliard, à l'unanimité, adressa à la citoyenne Morel :

« Du 9 thermidor (6 août 1794).

« Le 10 août fut le jour à jamais mémorable que la république prit naissance.

« La Convention nationale a institué une fête ; elle est grande, elle est auguste, elle doit se célébrer avec toute la pompe dont elle est susceptible. Les dispositions prises par les commissaires que nous avons choisis exigent, pour leur organisation complète, une jeune et jolie citoyenne qui représentera la déesse de la Liberté : ils viennent de nous inviter à en choisir une. Comme tu réunis, citoyenne, tout ce que l'on peut désirer de mieux pour effectuer avec grâce la représentation de la déesse de la Liberté, nous t'invitons à déférer à notre demande. Ton amour pour le bien nous est un sûr garant que tu l'accepteras avec beaucoup d'empressement. Les citoyens commissaires sont les citoyens Berger et Duvernoy : ils t'instruiront de ce que tu auras à faire » (1).

Héricourt adopta avec empressement le culte nouvellement intrônisé. Devenue libre par la cessation de l'exercice des cultes, l'église fut occupée par la « Société populaire » qui s'empressa d'y dresser un autel à la Patrie où les amateurs populaires y pontifiaient à tour de rôle, coiffés du fameux bonnet phrygien, couleur de sang, emblème de la liberté. En ce temps de rénovation, tout fut bouleversé : plus de « messe » catholique, plus de « prêche » luthérien, plus de dimanche, plus de sonnerie de cloches,

(1) Archives de Montbéliard. Reproduit dans une brochure : *Le Culte de la Raison et de l'Etre Suprême* en Alsace et à Montbéliard, par M. A. Lods.

— elles restèrent muettes [1]; le tambour appelait les citoyens aux assemblées, les jours de fêtes, ou de « *décadi* », le nouveau dimanche de la semaine républicaine.

Les chants patriotiques entonnés par toute l'assistance, enfants et adultes, ouvraient la cérémonie. Le maire donnait ensuite lecture des lois et décrets de la constituante; puis après les ardents jacobins escaladaient la chaire... pardon, la tribune, et foudroyaient les prêtres, les aristocrates, les suspects et les traîtres. Parfois, l'orateur commentait une maxime, ayant trait à une vertu morale, à la justice, à la charité et en terminant, exhortait ses concitoyens à la pratique des devoirs civiques : C'était bien, mais c'était l'exception.

Et le service décadaire se terminait invariablement par les chants patriotiques, le « *Çà ira* » et la « *Carmagnole* », sorte de ronde qu'on chantait en dansant autour de l'autel de la Patrie, dans le chœur de l'église.

Mais l'*athéisme* du culte de la Raison n'eut qu'une durée

---

(1) Les cloches. Il serait plus exact de dire : « la cloche resta muette », elle était seule, unique ; sa sœur avait été sacrifiée ; elle avait pris le chemin de l'arsenal. La France envahie fondait alors les cloches des églises pour les convertir en canons. (Décret des 29 juil., 3 août 1793). En 1809, le Conseil municipal la remplaça. Et pendant 75 ans, les deux cloches continuèrent à appeler les fidèles des deux cultes à venir adorer l'Eternel dans le même temple. Le 3 août 1884, le « *Simultaneum* » prit fin : les catholiques occupèrent l'église qu'ils venaient de construire. Ensuite d'un accord amiable, intervenu entre les deux cultes, les cloches furent de nouveau séparées : toutes deux désertèrent le vieux clocher de la vieille église. Les catholiques obtinrent la cloche principale, les luthériens la nouvelle, celle de 1809 qui fut peu de temps après, cédée à M. Farner, fondeur à Robecourt (Vosges), chargé de la fourniture de deux nouvelles cloches pour l'église protestante.

L'autre, la vieille, prit place — elles sont quatre — dans le clocher de l'église catholique. Elle est probablement l'une des plus anciennes de la région. Son poids est d'environ 600 kilog. Elle est ornée de beaux médaillons et d'une inscription latine « dont les caractères gothiques « se dessinent gracieusement sur un fond de broderies ». Elle porte cette légende : *« L'an mil CCCCXVI, je fus faicte à Héricourt en « l'honneur de St-Christofle par Lois Cailet. »*

éphémère ; après 178 jours d'existence, il dut s'effacer et céder la place au *déisme* de Robespierre [1] et de Couthon [2]. La nouvelle religion porta le nom de *Culte de l'Etre Suprême.*

Culte de l'Etre Suprême.

18 floréal an II (7 mai 1794)

Les principaux membres de la Convention comprirent de bonne heure l'erreur commise dans l'établissement du culte de la Raison, cette parodie carnavalesque du culte chrétien.

Disciple fervent de Rousseau, Robespierre résolut, de concert avec son ami Couthon, de substituer à l'athéisme de la déesse Raison, une religion spiritualiste dont les fondements seraient « la croyance en Dieu, en l'âme spi-« rituelle et immortelle, et en une imprescriptible loi mo-« rale, la loi de la nature qui parle au cœur de l'homme. » (J.-J. Rousseau).

Le 6 avril 1794, Couthon proposa à la Convention un projet de loi en faveur de l'établissement des *fêtes décadaires*, et le 7 mai Robespierre prononça un discours définitif, suivi d'un décret qui instituait la religion nouvelle de l'*Etre Suprême.*

Ce nouveau culte eut aussi ses autels, ses cérémonies, ses fêtes et ses déesses. Celles ci prirent le nom de déesses de l'*Abondance.* L'Abondance était représentée par une

---

(1) Robespierre, homme politique, né à Arras, en 1758, exécuté à Paris en 1794 (9 thermidor an II). — (2) Couthon, né à Orcet (Auvergne) en 1755, mort à Paris en 1794. Il partagea le sort de son ami Robespierre.

femme de santé florissante et de carrure respectable. Moins favorisée que Montbéliard qui compta deux déesses, Héricourt n'en eut point.

L'élément féminin fit-il défaut? L'histoire est muette sur ce chapitre.

L'autel de la Patrie, dressé dans le chœur de l'église pour le culte de la Raison, servit à la religion nouvelle. On y fit quelques modifications et embellissements pour le mettre en harmonie avec le plan présenté par le citoyen David [1], représentant du peuple. La ferveur des citoyens n'en fut que plus vive. C'était nouveau. Et pour rehausser l'éclat des fêtes décadaires, on éleva sur la Rouchotte [2] un second autel pareil à celui du chœur de l'église, espèce de tertre en rocaille, tapissé de mousse, entouré d'arbustes, à la mode antique. Ce fut la montagne de mousse.

(D'après une gravure de l'époque.)

(Dict. Larousse illustré).

(1) Voir Délibération du Conseil général d'Héricourt, du 13 prairial an II, du présent chapitre, page 9.

David Jacques-Louis (1748-1825), peintre, membre de la Convention, se signala par le républicanisme le plus exalté. Plus tard, il devint le premier peintre de Napoléon, empereur.

(2) Petit monticule au S. E. de la ville, qui domine la gare du P. L. M.

Fête de l'Etre Suprême.

Elle eut lieu le second décadi de prairial. Tout fut mis en œuvre pour donner le plus d'éclat à cette solennité. La fête fut annoncée, la veille, aux sons éclatants des clairons et des tambours, et le lendemain, dès l'aube, les canons du citoyen Rochet ([1]), placés sur la Rouchotte, éveillèrent les échos des collines environnantes. A 10 heures du matin, les officiers municipaux, les notables bourgeois, les membres de la Société populaire, les officiers de la garde nationale, réunis en la grande salle des Halles, précédés des enfants des écoles, se rendirent au temple, drapeaux et bannières déployés. La garde nationale sous les armes formait la haie. C'était beau, c'était superbe. L'allégresse était en tous les cœurs. Le temple ne put contenir la foule des assistants, car il en était arrivé des villages environnants.

La cérémonie religieuse (?) s'ouvrit par le chant des enfants; puis devant l'autel de la Patrie, transformé en « montagne de mousse », surmonté de drapeaux tricolores et de bannières aux couleurs éclatantes, le chef de la municipalité lut le décret du citoyen Robespierre, qui établissait la Fête de l'Etre suprême ([2]). Ensuite, les orateurs de la Société populaire occupèrent la tribune. Il serait fort intéressant de connaître, ne serait-ce qu'en substance, les sermons politiques, les invocations qui y furent prononcées. Il est fort probable que la fameuse *« Prière au vrai Dieu »*, adoptée par les citoyens de la commune de Besançon, trouva place en cette solennité, car

(1) Don de quatre canons en fer par Jean Rochet, maître de forges de Chagey et d'Audincourt. (Reg. des Délib. 16 juin 1793.)

(2) Décret du 18 floréal an II (7 mai 1794).

il n'y aurait rien de surprenant que la Société populaire ne fût déjà en possession de cette nouvelle formule. Ce spécimen de liturgie révolutionnaire est un document fort suggestif. Le voici :

Gloire à Dieu seul ! Salut à tous ceux qui l'adorent sans hypocrisie et du fond de leur cœur ! Nous sommes leurs frères et leurs amis, quelles que soient leurs opinions.

Dieu de toute bonté, Dieu de justice, Etre suprême et éternel, souverain arbitre de la destinée des hommes, toi qui es l'auteur de tous biens sur la terre, tu ne rejetteras pas la prière de tous ces hommes vertueux, rassemblés ici dans ton temple pour t'adorer, et qui ne te demandent que justice et liberté.

Si nous tombons dans quelques erreurs, éclaire-nous et dirige nos intentions. Ah ! si notre cause est injuste, ne la défends pas ! Ah ! La prière de l'impie est un second péché ; c'est l'outrager que de demander ce qui n'est pas conforme à ta volonté sainte.

Bénis nos armées, nos assemblées et tous nos vertueux fonctionnaires publics.

Fais prospérer les travaux de nos généreux cultivateurs qui nourrissent nos nombreux bataillons ; augmente leurs forces et celles de leurs dignes compagnes.

Ouvre les yeux de nos frères égarés. Fais que rendus à la raison et à la vérité, ils se réunissent à nous dans ton temple pour leurs hommages, pour jouir des précieux fruits de l'égalité, et pour chanter tes louanges dans les siècles des siècles. Ainsi soit-il » [1]

La fête, commencée à l'église, se continua l'après-midi, sur la Rouchotte, au milieu des danses et des jeux. Et c'est ainsi, qu'aux jours de « *fêtes décadaires* » — elles étaient au nombre de trente cinq —, cette légère éminence devint peu à peu la succursale du « vieux temple ».

---

(1) Cette prière fut adoptée par les citoyens de la commune de Besançon. Extrait d'une Notice fort intéressante : *Le Clergé de la Haute-Saône pendant la Révolution*, par L. Monnier, professeur agrégé au Lycée de Vesoul.

lorsque le soleil daignait sourire aux néophytes du nouveau culte.

La foule amassée s'y rendait en hâte, surtout la jeunesse qui trouvait l'occasion de s'y amuser follement. Des fêtes bruyantes, des processions carnavalesques, et jusqu'à des actes sacrilèges s'y produisirent. De graves personnages se mêlaient parfois à la foule bruyante, débordante de gaieté.

Baptême sur la Rouchotte

Une fête de famille, un baptême, réunit un décadi de mai, une nombreuse et joyeuse assistance. C'était dans la famille du maire P.-C. Noblot. Le fils de ce dernier, lieutenant-colonel de la garde nationale du canton d'Héricourt avait invité au baptême de son fils, les officiers de la ville et de nombreux parents et amis. La cérémonie se présentait avec un cachet d'imprévu et d'originalité qui échappait à la banalité. Tout concourait à la rendre attrayante : le site pittoresque, le renouveau, de la verdure, des fleurs, le riant soleil du printemps et surtout la bonne humeur sur les visages et dans les cœurs des convives.

N'oublions pas de mentionner une petite mise en scène qui eut un beau succès et toute de circonstance pour le baptême d'un fils d'officier. L'enfant fut présenté devant l'autel de la patrie, couché sur deux épées croisées que soutenaient les parrain et marraine ; il reçut ainsi, avec la consécration sans culottide, le prénom de Jean-Christophe (1). On ne dit pas quel fut le citoyen officiant qui fit le prône ; mais ce qu'il est permis d'imaginer, c'est que la fête familiale fut suivie d'une collation largement arrosée. — Ce fut une « belle beuverie de purée septembrale »,

(1) Né le 16 prairial an II (4 juin 1794).

eût dit le joyeux Rabelais — et qu'elle s'acheva aux accents bruyants des hymnes patriotiques, des refrains du « pays » et surtout de la Carmagnole, cette danse chantée, ce divertissement obligatoire de toute fête populaire.

La Bible jetée dans les flammes

Mais voici qui est plus grave. On rapporte qu'en une ronde animée, tournoyant autour d'un feu de joie — tels les anciens feux de la St-Jean — allumé près de l'autel de la Patrie. on vit une femme, jeune encore, s'avancer précipitamment près du brasier crépitant, et d'un geste rapide, lancer une Bible au milieu des flammes!... Acte prémédité... non, plutôt irréfléchi, inconscient, nous voulons le croire, accompli sous l'impulsion malsaine produite à la suite de discours anti-religieux prononcés sur l'autel de la Patrie par les orateurs écoutés et applaudis, les Fiereck, les Damotte (Pétrole-Pavot) et autres sans culottes quelconques.

Quoi qu'il en soit, le « saint Livre » se consuma au milieu des applaudissements, des cris de joie et des bravos des patriotes présents à cette scène de profanation. Témoignages fort caractéristiques des idées religieuses de la bourgeoisie à cette époque!

Orateurs et Jacobins

Les orateurs qui portèrent la parole dans les réunions populaires furent nombreux : tous les chefs de la « Société populaire » tinrent à honneur à s'y faire entendre, afin de mériter le certificat de « *Civisme* » qui n'était délivré qu'aux citoyens professant ouvertement les opinions républicaines les plus avancées et se comportant comme on disait alors « de la manière la plus civique et la plus révolutionnaire ».

Les principaux Jacobins furent Fiereck dit Marat, P.-C. Noblot, Christophe-Frédéric Boigeol, Cara Paignot et parmi les plus exaltés, on cite Jean-Nicolas Perdrizet et le régent d'école Damotte.

Pétrole-Pavot Damotte — ses prénoms véritables étaient Jean-Claude. — Ardent partisan de la Révolution dont il avait épousé les idées avec la fougue d'un énergumène, il était parfaitement décidé à faire table rase de tout ce qui rappelait l'ancien régime. Aussi, l'un des premiers, s'empressa-t-il à se débarrasser de ses prénoms patronymiques pour prendre ceux de *Pétrole-Pavot*, se conformant ainsi aux idées qui prédominaient chez les représentants de la nation. Dans sa modeste sphère d'action, en qualité d'instituteur à Chagey, Damotte sut se faire remarquer par une propagande active à répandre les opinions les plus avancées et qui étaient celles que professaient les citoyens de la « Société populaire » Ceux-ci s'empressèrent de l'appeler au poste d'Héricourt (1) où il se plaça, dès ses débuts, au premier rang des patriotes avancés. Ce fut une bonne recrue parmi les Jacobins. On pourrait croire que la base de son enseignement consistait uniquement en la diffusion des principes révolutionnaires.

Des personnes dignes de foi, ses contemporains, nous ont rapporté qu'il exerçait ses grands élèves à la déclamation — et à cette époque, il en avait de l'âge de 16 à 18 ans — et lorsqu'ils étaient bien préparés et parfaitement dressés et stylés, il les conduisait à l'église d'où l'on avait chassé le curé et le pasteur (2) et devant les patriotes ac-

---

(1) Nomination du 4 mai 1794.

(2) Il convient de rappeler qu'à cette époque, l'église d'Héricourt était commune aux deux cultes. Le « *Simultaneum* » y existait depuis le 6 juin 1790, et n'a pris fin que le 3 août 1884. Sa durée a donc été de 94 ans et 58 jours.

courus en foule ; ils récitaient des discours révolutionnaires, fortement imprégnés des idées du jour et du *« Ça ira »* [1] de sanglante mémoire. Des chants patriotiques, entonnés par toute l'assistance et répétés par les enfants des écoles, massés sur la *« montagne de mousse »*, terminaient cette parodie de la plus auguste cérémonie du culte chrétien.

---

(1) *« Ça ira »*, fameux chant populaire de la Révolution. Bocourt, l'auteur de la musique était attaché à un orchestre d'un petit théâtre de Paris, pour lequel il écrivit plusieurs airs de danse, dont un *« le Carillon »* eut une certaine vogue. Un chanteur des rues, Ladré, y adapta les paroles de sa chanson qui n'avait rien de subversif ; mais elle prit une toute autre allure quand on y eut ajouté le refrain :

Ah ! çà ira, çà ira, çà ira,
Les aristocrates à la lanterne !

A partir de ce jour, le *« çà ira »* devint avec la *« Carmagnole »*, sa sœur cadette, le cri de ralliement des partisans de la Terreur.

« La Carmagnole », autre chant révolutionnaire et qui obtint une vogue extraordinaire en 1793. Ce furent les fédérés marseillais qui l'apportèrent à Paris, comme leurs frères d'armes des bataillons volontaires, en juin 1792, avaient fait leur entrée dans la capitale aux accents de la *Marseillaise*.

Les musiques militaires s'en emparèrent : Ce fut un pas redoublé endiablé. Bonaparte, devenu consul, la supprima de l'armée, ainsi que le *« Çà ira »*. La musique, ainsi que le nom, sont d'origine piémontaise. Voici les deux premières strophes où le roi et la reine sont désignés, sous les noms de Monsieur et de Madame Veto :

La Carmagnole.

Madame Veto avait promis } *bis.*
De faire égorger tout Paris }
Mais son coup a manqué
Grâce à nos canonnié.

Dansons la Carmagnole } *bis.*
Vive le son du canon }

Monsieur Veto avait promis } *bis.*
D'être fidèle à son pays, }
Mais son coup a manqué
Ne faisons plus d'quartié.
Dansons, etc.

(*Dict. Larousse illustré*).

Depuis, *l'Internationale* a remplacé les chants populaires de la Révolution.

Cet ardent patriote n'était rien moins que tolérant, et quiconque n'admirait pas ses amis politiques n'était pas son ami. Un de ses élèves lui ayant dit un matin, en entrant en classe : « Eh bien ! vous savez, M. Damotte, votre ami Robespierre, il est mort aussi ! » Le jeune écolier en reçut, pour toute réponse, un si violent soufflet qu'il roula sur le plancher.

Cet élève fut depuis M. David Méquillet qui se plaisait à raconter ce souvenir brutal de sa jeunesse écolière.

Cet homme, aux passions politi ques ardentes et violentes, comme en a tant vu cette époque de régénération sociale, a laissé dans le souvenir de la population d'Héricourt, la réputation d'un maître capable et distingué. Il était surtout bon arithméticien et géomètre expérimenté, connaissances ignorées de la plupart des instituteurs de cette époque,

Nous devions à la mémoire de cet irascible républicain de rappeler ce témoignage d'estime de ses concitoyens.

Suppression des emblêmes religieux

Nous reproduisons le texte de la délibération concernant la fête de *« l'Etre suprême »* et l'enlèvement des objets rappelant « *les idées des anciens cultes* » :

« Ce jourd'huy 15 prairial an II (1) de la République française, une et indivisible, à la séance extraordinaire, le Conseil général assemblé, composé de ses membres soussignés et l'agent national présent, il a été fait lecture d'une pétition de la *Société populaire* de cette commune, exposant que par décret de la Convention nationale du 18 floréal dernier (7 mai 1794), il a été institué une fête

(1) 3 juin 1794.

dédiée à *l'Etre suprême;* qu'il convient pour la célébrer, de suivre le plan présenté à tous les Français, par le citoyen *David*, représentant du peuple, autant que le local et les facultés de la commune pouvant le permettre, et chercher par ce moyen à bannir des cœurs le reste de l'ancien levain de division causée par la différence des cultes; qu'en conséquence. il convient de faire disparaître tout ce qui pourrait encore rappeler *les idées des anciens cultes* et principalement le mur qui sépare les cimetières [1], et une cloison en bois qui partage le temple par le milieu ainsi que toute autre place aux marques de distinction qui pourraient encore se trouver dans le temple comme aussi de n'y laisser qu'une chaire, et que l'autre soit placée à la salle de la dite Société; et enfin que les frais qui deviendront indispensables pour célébrer cette fête soient supportés par la commune.

La matière mise en délibération, l'agent national entendu, il a été délibéré d'une voix unanime que la pétition est accueillie favorablement et y faisant droit,

Le Conseil nomme le citoyen Fiereck, un de ses membres pour, de concert avec les quatre commissaires nommés par la dite Société, faire faire les ouvrages mentionnés dans la dite pétition et que les frais seront supportés par la commune à vue de l'état qui en sera dressé. »

Ont signé au registre : F. Bailly; F. Verpillot; P.-N. Lods; P.-C. Minal, agent; J. Metzger; G. F. Méquillet; G.-F. Fiereck; H. Dolfouss; Ganny; G.-F. Debard; G.-F. Bourquin; J. F. Méquillet; Schom fils; J.-F. Richardot et P.-C. Noblot, maire » [2].

---

(1) Les cimetières (catholique et protestant) occupaient autrefois le terrain situé entre les deux églises, aujourd'hui converti en promenade. Le cimetière actuel, dit *aux Creux Roillots*, date de 1823.

(2) Arch. d'Héricourt. Délib., p. 205.

CHAPITRE VIII

Georges-Frédéric Méquillet (1790-1795), **pasteur. — Il exerce son ministère dans les familles. — Baptême devant l'autel de la Patrie. — Refus de se coiffer du bonnet phrygien — Il se retire. — Méquillet, membre du Conseil municipal. — Greffier de l'Etat civil** (13 janv. 1793). — **Il accueille en sa demeure quelques prêtres réfractaires.**

Fils et petit fils de pasteurs, Georges-Frédéric Méquillet devait continuer la tradition de sa famille ; son grand-père Samuel Méquillet fut pasteur de Chagey, en 1700, et il devait succéder à son père Eberhard-Georges Méquillet dans la chaire protestante d'Héricourt qu'il allait occuper pendant près d'un demi siècle (1786-1832).

Nous n'avons pas la prétention de retracer l'œuvre du ministre en sa longue carrière pastorale ; en cette brève esquisse biographique, nous nous bornerons à montrer quel fut son rôle pendant la période révolutionnaire (1790-1795), c'est à-dire depuis la Constitution civile du Clergé jusqu'à la Constitution de l'an III (22-23 août 1795), proclamant le libre exercice des Cultes.

Le pasteur G.-F. Méquillet fut un patriote dans la bonne acception du mot. Sans bruit, sans éclat, il accueillit franchement les principes et les idées nouvelles de la Révolution. Il fut un fervent républicain, et en bon citoyen français, il se soumit à la « prestation du serment » comme à une chose logique et naturelle.

Lorsque les églises furent fermées, le ministre continua à s'occuper des intérêts et des besoins religieux de ses paroissiens, visitant les familles, leur apportant des paroles de paix, relevant les courages abattus de ceux qui croyaient que tout allait sombrer en cette tourmente effroyable; et lorsqu'il les vit se précipiter en foule, aux attractions étranges, autant que nouvelles, et qu'en sa conscience de pasteur, il estimait malsaines, des deux nouveaux cultes de la « Raison » et de l'Etre suprême », il les y suivit, le cœur ulcéré, en simple citoyen.

On rapporte même que le pasteur Méquillet y prit la paroles à diverses reprises et même baptisa quelques enfants sur l'autel de la Patrie, le fameux autel de mousse. Assurément, il dut en coûter au prêtre de paraître et d'officier devant cet autel qui évoquait les rites et les coutumes païens; mais il se faisait violence, dans le but de ne pas laisser livrés à eux-mêmes ses chers paroissiens. Par là, il espérait encore les guider, les contenir dans le domaine de la saine raison. Sa présence en ce lieu, encore qu'un peu délicate, était, en somme, fort excusable.

Mais cela déplut surtout aux chefs politiques de la Société populaire, aux farouches jacobins, aux terribles sans-culottes qui foudroyaient journellement les « aristocrates » et les traîtres à la patrie. Ce citoyen, à la parole austère, les gênait, Il fallait s'en débarrasser. Et pour l'éloigner, ils voulurent l'obliger, pour officier, à se coiffer du fameux « bonnet rouge »!.... Ce fut le comble. Froissé dans sa dignité, le ministre comprit; et humilié, il ne reparut plus dans le temple, se retira en son presbytère, espérant en des temps moins orageux.

Il devait attendre jusqu'en 1795.

Ne pouvant plus avoir d'action sur ses paroissiens adultes qui lui échappaient, il tourna ses regards vers la jeunesse écolière; il sollicita le poste d'instituteur dans les écoles de la ville : mais sa demande ne fut pas agréée.

Cédant à un besoin d'activité, dégagé des liens du sacerdoce officiel, il consentit à accepter le mandat de con seiller municipal que lui offraient ses ex-paroissiens. Et ce n'était point une sinécure. On traversait alors la période la plus sombre de notre histoire. La Convention, menacée de tous côtés, à l'intérieur et à l'extérieur, vota la dictature jusqu'à la paix, décréta la levée en masse, le maximum, les réquisitions, en nature surtout. Les populations des provinces de l'Est de la France furent écrasées; elles durent subvenir aux besoins de première nécessité pour les armées républicaines qui opéraient sur le Rhin et la Moselle. Les municipalités siégeaient en permanence pour activer le départ des convois. L'ex-pasteur Méquillet put ainsi se rendre utile à ses concitoyens. Le 13 janvier 1793, il fut nommé greffier, chargé des registres de l'Etat civil, naissances, mariages et décès; il succédait à Huguenin de Berlin.

Quoiqu'occupé des affaires municipales, G.-F. Méquillet ne renonça pas complétement à l'état ecclésiastique; il continua à célébrer quelques actes du culte en des réunions intimes. Comme le médecin, son confrère, il se rendait dans les familles, apportant les consolations de la religion aux souffrants, assistant les mourants, bénissant les mariages, et baptisant les nouveaux-nés. Il se compromettait, assurément. Il fit, à cette époque où la Terreur sévissait, preuve de courage et même de témérité. On rapporte qu'il accueillit en son presbytère quelques prêtres réfractaires de passage à Héricourt, le père Sylvestre, les curés Pilon [1] et Grezel [2] qui venaient célébrer la messe en cachette à Saint-Valbert. Ces faits étaient connus en ville. Méquillet ne fut pas dénoncé. Cela prouve le degré d'attachement qu'il avait su inspirer à ses concitoyens.

Il devait reprendre ses fonctions officielles de pasteur, en février 1795.

---

(1) Claude-Baptiste Pilon, desservant de Tavey depuis 1742-1792.
(2) Pierre-Joseph Grezel, — — 1805-1835.

CHAPITRE IX

Constitution de l'an III (22-23 août 1795. — **Réouverture des Eglises,** 3 ventôse an III (21 fév. 1795). — **Déclaration préalable — Prestation de serment. — Référendum — Organisation du culte protestant.**

En exécution du décret du 3 ventôse an III, la Convention autorise le libre exercice des cultes. Partout les églises se rouvrirent, après avoir été fermées pendant 730 jours.

Ce fut un enthousiasme général nous disent les chroniques de l'époque.

Les populations y accoururent en foule, avec le même entrain qu'elles avaient mis à se rendre aux manifestations des deux nouveaux cultes défunts; c'était du renouveau. Les foules demandent à être amusées.

Mais en décrétant le libre exercice des cultes, le Directoire en imposa les nouvelles obligations :

1° Les frais du culte seront à la charge des fidèles;

2° Le culte sera célébré dans le sanctuaire de l'église;

3° Quelques mois plus tard, une loi de police, rendue le 7 vendémiaire an IV (29 sept. 1795), ordonna de faire une *déclaration préalable*, pour l'ouverture des lieux de culte, et obligea les ministres des différentes confessions à prononcer devant l'assemblée communale la formule suivante :

« Je reconnais que l'universalité des citoyens est le souverain et je promets soumission et obéissance aux lois de la République. »

Mais cette formule fut jugée insuffisante par certains républicains qui trouvèrent qu'elle n'engageait pas suffisamment les contractants, et ils y ajoutèrent une condition qui, dans la pensée de ses auteurs devait rendre ce serment à jamais inviolable. Hélas! Et il en ressortit avec cette allure très caractéristique de l'époque :

« Je jure haine à la royauté et à l'anarchie, attachement et fidélité à la République et à la Constitution de l'an III. »

La Constitution de l'an III eut les honneurs du *Referendum.* Cet appel à la nation, en matière constitutionnelle, avait été prévu par la Constitution du 24 juin 1773. Des registres furent ouverts dans toutes les communes, et la nouvelle Constitution fut ratifiée à une imposante majorité. C'était la première fois que les citoyens français étaient appelés à se prononcer sur une question d'intérêt général. Ils exercèrent ce droit une deuxième fois, qui fut la dernière, en sanctionnant la Constitution de l'an VIII. Depuis, le referendum n'a plus reparu.

Citons les principales dispositions du décret du 23 août 1795 :

Liberté de la presse et des cultes ;

Prohibition des Sociétés populaires.

Relativement aux cultes qui font l'objet de ces notes rapides, on y lit les déclarations suivantes :

« Nul ne peut être empêché d'exercer, en se conformant aux lois, le culte qu'il a choisi ;

« Nul ne peut être forcé de contribuer aux dépenses d'un culte.

« La République n'en salarie aucun. »

Depuis la réouverture des églises, depuis le décret qui proclamait le libre exercice des cultes, en même temps que la « séparation complète de l'Eglise et de l'Etat », il s'écoula une période de six années et demie, pendant laquelle le clergé, quel qu'il fût, ne subsista que grâce à la libéralité des fidèles.

Ce régime de « séparation » n'a jamais été vu de bon œil par tout le clergé, en général, et de quelque nom qu'on

l'appelât. La grosse question, ç'a toujours été le salaire des ministres. L'Etat leur assurant la vie matérielle, leur crée une situation indépendante vis-à-vis de leurs paroissiens, qu'ils n'ont plus lorsque ceux-ci salarient le prêtre. Les archives de l'Inspection de Montbéliard conservent la trace des plaintes qui s'élevèrent contre ce malencontreux article : *La République ne salarie aucun culte.* Même de nos jours, la loi Briand sur la « Séparation », soulève contre elle, les mêmes récriminations, les mêmes motifs de blâme. Si on ne les étale pas au grand jour, ils n'en subsistent pas moins. Aussi quand parut le Concordat, 26 messidor an IX (15 juillet 1802) qui rétablissait le salaire des ministres du culte par l'Etat, fut-il salué avec la plus vive reconnaissance par les zélateurs catholiques.... seulement. Le clergé luthérien, consterné, était exclu de cette faveur. L'injustice était par trop criante ; aussi, moins d'une année après la promulgation du décret du 26 messidor an IX, la loi du 18 germinal an X (8 août 1802), consacra le principe de l'égalité de traitement entre les cultes, *« en déclarant que le clergé protestant serait désormais entretenu aux frais du Trésor public »*.

A partir de ce jour, la nouvelle loi « assurait au protestantisme tout entier une protection dont il était depuis longtemps privé, et le mettait au même rang que la religion catholique, lui conférant des droits et des privilèges analogues » (1).

L'organisation du culte protestant — confession d'Augsbourg — n'a été réglée que fort longtemps après ces événements : en premier lieu, par un décret du 26 mars 1852, modifié par une loi du 1er août 1879 et définitivement par un décret du 12 mars 1880.

---

(1) Consultez : *Les Eglises luthériennes d'Alsace et du Pays de Montbéliard pendant la Révolution*, par Armand Lods. Paris, Fischbacher, 1898.

CHAPITRE X

Supplément

N° 1

Extrait de la « Lettre pastorale » de M. Flavigny, évêque du département de la Haute-Saône, au Clergé et aux fidèles de son Diocèse. 20 juillet 1791.

Nous publions, en ce supplément, un abrégé sommaire de la « Lettre pastorale » de M. l'évêque Flavigny. Nous nous sommes efforcé de reproduire la pensée maîtresse de cet opuscule ; dans ce but, et autant que cela nous a été possible, nous avons présenté au lecteur, en de longs extraits, les principales questions qui y sont développées avec une grande élévation de pensée et de style. Nous regrettons vivement de ne pouvoir reproduire intégralement le mandement du vénérable prélat. Nous en avons été empêché par le cadre trop restreint de notre modeste travail sur Héricourt pendant la Révolution.

Publiée à Vesoul (1), la « Lettre pastorale » est aujourd'hui presque introuvable. C'est une forte brochure (25 × 15) de 150 pages, dont 63 de texte et le reste en additions et notes. Cette œuvre, très étudiée et fort bien documentée, d'une réelle valeur au point de vue de l'his

(1) Vesoul. Imprimerie de J.-B. Pourson, imprimeur du département. Besançon. Bibliothèque publique.

toire religieuse de cette époque, a pour but d'éclairer les consciences, en démontrant « *que la Constitution civile ne propose que le retranchement des vieux abus, le rétablissement de l'ancienne discipline, et le retour à l'Eglise primitive ;* elle nous fait pénétrer dans la vie intime des gens d'église, nous en montre leurs aspirations, leur mentalité, et surtout nous retrace avec beaucoup de détails la période si agitée, si tourmentée de l'Eglise, qui suivit la promulgation de la Constitution civile du clergé. Ce réglement, imposé au clergé, produisit une effervescence, une agitation considérables dans le domaine religieux [1].

Les prêtres furent divisés en deux camps rivaux : les opposants, les *réfractaires*, adversaires des réformes qui prévoyaient, avec de sérieuses préoccupations, la perte de leurs bénéfices et de leurs grasses prébendes ; les partisans du nouvel état de choses, *les constitutionnels*, (on les appelait les « intrus », les « apostats ») qui escomptaient les anciens évêchés et les nouveaux à pourvoir, ainsi que les riches cures vacantes par le départ de leurs titulaires insoumis.

Cet intéressant document épiscopal est entièrement consacré à l'apologie de la Constitution civile du clergé.

---

(1) On sait qu'un petit nombre de curés et d'évêques, acceptèrent la Constitution. Parmi les adhérents, il convient de mentionner Lecoz, archevêque de Besançon, et Flavigny, évêque de Vesoul, et environ 120 prêtres du département de la Haute-Saône qui prêtèrent le serment pur et simple, devant leurs municipalités respectives ; d'autres, en petit nombre, y ajoutèrent cette restriction que nous avons déjà signalée dans le serment du curé Fourcault, d'Héricourt (*) « *en tant qu'il ne blesse en rien la religion catholique, apostolique et romaine, dans laquelle je veux vivre et mourir.* »

(*) Voyez page 57.

I

La Lettre Pastorale débute par la salutation apostolique obligatoire :

Jean-Baptiste Flavigny [1] par la miséricorde de Dieu et dans la communion du Siège apostolique, Evêque du Département de la Haute Saône, à nos vénérables coopérateurs dans le Saint-Ministère et à tous les fidèles de notre Diocèse; Salut et bénédiction en Notre Seigneur Jésus-Christ.

« Si quelque chose peut consoler un évêque qui sent tout le poids de l'épiscopat et la faiblesse de ses ressources au milieu des orages dont il est accueilli, c'est N. T. C. F., l'idée touchante du bonheur que son ministère prépare aux fidèles confiés à ses soins paternels, c'est la douce confiance que, choisi par leurs suffrages, ils écouteront sa voix avec docilité. »

Toutefois, il est loin de se dissimuler tout le poids du redoutable fardeau dont la charge lui a été imposée par « des suffrages trop flatteurs ! » Encore s'il pouvait s'acquitter de sa mission, selon ses désirs bien légitimes. Hélas ! les circonstances malheureuses du moment mettent un obstacle à son zèle.

« Au lieu de vous annoncer avec l'autorité de mon ministère les oracles de la vie éternelle, pourquoi faut-il que nous soyons, pour ainsi dire, réduit à vous présenter et établir, comme l'Apôtre, les titres augustes de notre apostolat ? »

Mais avant d'entreprendre cette apologie, il adresse un souvenir ému à la mémoire du prélat [2] qui fut son chef spirituel, « dont la tendresse et les vertus avaient tout

---

(1) Flavigny, curé de Vesoul, prêta serment (nov. 1770); Boulard, de Port sur Saône, fut le premier curé constitutionnel ; peu après le curé de Lure X... en fit autant, et l'exemple de ses dignitaires fut suivi de plusieurs autres adhésions.

(2) Lecoz, archevêque de Besançon, évêque constitutionnel du département d'Ille et Vilaine.

droit sur les cœurs vertueux et à qui le sien sera dévoué à jamais, pourquoi me vois-je condamné à cultiver sans lui une partie de la vigne du Seigneur qu'il m'eût aidé, par sa sagesse, à faire fructifier sous ses yeux, si, cédant à des impressions étrangères, il n'eut fait violence à son cœur pour abandonner un héritage qui lui était confié, au lieu « d'accorder » aux vœux du peuple françois une marque de soumission à des lois justes et nécessaires ? »

Mais l'exorde du prédicateur serait incomplet, s'il passait sous silence l'entrée en fonctions du métropolitain, son chef immédiat. Il ne faillira pas à ce devoir.

« Oui, N. T. C., nous serions inconsolables si la patrie n'étoit dédommagée de cette perte, par la piété, les talents, le patriotisme et le zèle infatigable de son digne successeur [1] dont la prudence et les exemples courageux soutiendront notre foiblesse. »

Un mot aux auditeurs :

« Et vous, si pour l'effet de quelques préjugés violens étiez tentés de repousser la lumière de la vérité, nous vous en conjurons par la douceur de Jésus-Christ, par les entrailles de sa miséricorde, déposez un instant au pied de la croix toute amertume, toute animosité, tout esprit de discorde pour prêter une oreille attentive, non pas à la voix d'un maître, non pas même, si vous le voulez, à celle d'un ministre de Jésus-Christ et d'un dispensateur des mystères de Dieu, mais à la foible voix de l'écho des déserts qui répète ces accens divins : *préparons tous la voie du Seigneur, redressons dans la solitude les sentiers de notre Dieu* Je ne vous dirai point : *Celui qui écoute, écoute Jésus-Christ même :* mais du moins, examinez si l'esprit qui nous inspire est l'esprit de Dieu... et rappelez-vous cette maxime de tous les temps et de tous les lieux : *Par quel organe que passe la vérité, elle ne cesse pas d'être la vérité.* »

Toute cette première partie est présentée avec art et dans une écriture irréprochable. Prononcée du haut de la chaire par un maître de la parole, elle n'eut certes pas manqué de se concilier les suffrages des auditeurs.

---

(1) Durfourt (de), archevêque de Besançon, successeur de Lecoz, prêtre réfractaire, dut quitter la France, il se retira a Soleure.

II

OÙ L'ORATEUR ABORDE LES QUESTIONS IRRITANTES, CELLES QUI DIVISENT, LE SERMENT, LA DISCIPLINE, ETC.

Au fond, sur quoi sont appuyés les reproches, les accusations du nouvel ordre de choses... ou plutôt de la suppression des abus introduits dans la discipline ecclésiastique, depuis peu de siècles ?

« A les entendre, dit-il, les nouveaux pasteurs ne sont que des » intrus », des apostats, des hommes sans mission et sans « juridiction » qui ne sont montés sur les sièges épiscopaux qu'en foulant aux pieds toutes les loix ; des hommes capables de schisme et d'hérésie qui ne sont soumis à la Constitution civile qu'en désobéissant à la voix de Dieu, des hommes enfin qui ne se sont ouverts les sanctuaires que par des serments sacrilèges et que l'Eglise rejette de son sein. »

A ces graves accusations, l'évêque fait remarquer fort justement qu'avant de prononcer des « jugements aussi redoutables ; il faudrait au moins ou compter sur son infaillibilité personnelle, ou produire des décisions formelles de l'Eglise universelle, ou enfin présenter aux hommes le flambeau de l'évidence. »

Puis serrant davantage la thèse des prêtres réfractaires, il aborde la question du « serment » la plus irritante de toutes, celle qui fut, en grande partie, le point de départ du schisme. A leurs assertions téméraires, il oppose la déclaration suivante :

« *Si la Constitution françoise est légitime, le serment exigé n'est pas un crime, si le serment ne blesse pas la conscience, les fonctionnaires publics ont pu le prêter : s'ils ont pu le prêter et que l'Etat l'ait jugé nécessaire au bien public, il était autorisé à l'exiger de tous ceux qui voudraient être fonctionnaires en France. Ceux qui l'ont refusé se sont exclus eux mêmes des fonctions publiques, et leurs sièges sont devenus vacans. Leurs sièges une fois vacans, l'intention de Jésus Christ était qu'on les remplaçât, et ceux qu'on leur a substitués légalement ne sauraient être des intrus.* »

Abordant ensuite la question de la foi, il montre que la Constitution ne touche à aucune des questions primordiales de la religion ; il s'étend ensuite fort longuement sur les points fondamentaux de la doctrine chrétienne et démontre que la religion de Jésus-Christ ne saurait être « anéantie » comme nos adversaires le prétendent et le disent partout, par l'effet de la Constitution.

Suit une longue dissertation métaphysique sur la dualité des puissances qui partagent le monde ; l'une « temporelle » a pour objet la paix et le bonheur des hommes sur la terre ; l'autre « spirituelle » est « chargée de leur procurer une félicité éternelle par de là les bornes de cette vie ». Ici le discours tourne à l'homélie, et pendant de longues pages l'orateur s'efforce à établir la ligne de démarcation entre ces deux puissances rivales.

La discipline, dans les rapports qui lient l'Eglise à l'Etat, y est étudiée et discutée fort judicieusement, et l'évêque constitutionnel conclut au droit qu'a la société civile de la transformer, de la modifier.

« Pourquoi, ajoute-t-il, lorsqu'une nation ouvre les yeux et entreprend de se régénérer, ne pourroit elle pas rejeter des articles contraires à ses véritables intérêts, des articles établis sans son consentement exprès ou même contre son vœu ? Supposons que les générations passées aient pu lire la volonté générale de la génération présente par des actes dont on ne trouve aucun vestige. Hé bien ! dans cette supposition même, il est du moins, bien certain, que jamais la société n'a ni voulu, ni pu ôter aux générations suivantes le pouvoir sacré d'arriver au but essentiel de toute société : *le bonheur des individus qui la composent.* Or, la nation françoise reconnoît, et toute l'Europe avec elle, que les abus de l'ancien régime du clergé, que plusieurs articles de discipline étaient devenus tout à fait contraires aux vrais intérêts des citoyens. Comment voudrait on qu'elle fut obligée de les conserver et que la volonté de ceux qui profitaient de ces abus, pût l'y forcer. Ce contrat que l'on suppose entre la nation et le clergé serait nul, parce qu'il porterait une clause contraire au droit imprescriptible de la société. Le peuple français n'a donc pas besoin du consentement du clergé pour abolir une discipline qui n'a pu être reçue en France qu'avec la condition *qu'elle ne subsisterait qu'autant de temps que le bien de la nation pourroit le permettre.* »

Il convient de remarquer qu'il ne s'agit, en cette discussion sur la discipline, que des intérêts matériels de l'Eglise ; que la discipline ecclésiastique générale, qui concerne le culte, comme la sanctification du dimanche, la célébration des grandes fêtes, aussi anciennes que l'Eglise, « monuments augustes des plus sublimes mystères » doit être en dehors de toute discussion, et à l'abri des atteintes du pouvoir civil : c'est la partie sainte, la partie intangible, telle autrefois l'arche d'Israël. Mais ce qui est de soi indifférent, ce qui a subi les vicissitudes des choses humaines, les changements, les transformations à la suite des guerres, des révolutions, des bouleversements des Etats, cette discipline, que notre évêque appelle la discipline « variable et moderne », est fatalement subordonnée aux grands intérêts de la nation.

Ainsi en a décidé la Constitution civile du clergé, ainsi disparaissent les anciennes démarcations des évêchés, et avec le mode moderne d'élire des pasteurs, la coutume « onéreuse » de recourir à Rome pour l'institution de ces mêmes pasteurs et d'y envoyer des sommes considérables.

Et peut-on dénier à la nation le droit incontestable de ne plus « avouer » pour fonctionnaires publics, des ministres qui, bravant son autorité, disent hautement *« qu'ils regardent comme toujours existante en France, une discipline que la France même rejette »*.

III

Refus de l'Eglise de présenter un plan de discipline. L'Etat y supplée. Objections des prêtres réfractaires.

N'ayant pas voulu accepter les articles de la Constitution civile du clergé, il ne lui restait qu'une seule chose à faire : Présenter un plan de discipline qui conciliât les intérêts de l'Eglise et de l'Etat... elle n'a rien fait ; elle s'est cantonnée en une intransigeance irréductible ; elle a voulu rester opiniâtrement attachée, *du moins par le fait*, à une discipline dégénérée, source d'abus intolérables et rejetée en France par la loi et l'Assemblée nationale.

Dans cet état de choses, quelle a été la conduite de l'Assemblée nationale ?

« Chargée de régénérer la nation, en supprimant les abus, elle a jeté les yeux sur les formes anciennes et toujours respectables de l'administration ecclésiastique dont on s'est écarté : elle a découvert celles qui pouvaient se concilier avec les intérêts des citoyens et de l'Etat, et en s'en rapprochant autant que les circonstances le permettoient, elle a dit : Voilà la seule constitution, la seule discipline extérieure qui me paroisse pouvoir s'accorder avec les intérêts du peuple françois, avec l'ordre et la tranquillité publique : c'est la seule dont je puisse et dont je veuille protéger l'exercice au dehors. »

La « Lettre pastorale » continue l'exposition de la situation faite aux membres du clergé par la nouvelle discipline; elle résume les diverses raisons très graves, « raisons de conscience », disent les adversaires qui les ont empêchés de s'incliner devant la Constitution. Et parmi celles-ci, il en est une qui paraîtra bien inattendue pour nous citoyens du XXe siècle, mais tout à fait caractéristique de l'époque où elle s'est produite. La voici :

« 1° La loi nouvelle permet aux *Juifs* et aux *hérétiques* (1), (lisez protestants) de concourir aux choix des « pasteurs », ce qui est un grand danger pour la religion ; 2° D'ailleurs cette Constitution renverse l'ordre hiérarchique, en rendant les évêques dépendans de leur presbytère (2). Dans le nouvel ordre de choses, ce sont les prêtres, ce ne sont plus les évêques qui sont établis pour gouverner l'Eglise, et ceux-ci sont forcés de donner leur confiance à des hommes qui ne sont pas de leur choix. Enfin les curés ne sont point, comme dans les premiers temps de l'Eglise, à la nomination des évêques, ce qui les met dans une

(1) A cette date (1791) les Juifs étaient hors la loi, et les hérétiques simplement tolérés en France. Ce fut la Convention qui leur accorda, en 1793, sur la proposition de M. Grégoire, évêque constitutionnel de Blois, l'égalité des droits civils et politiques.

(2) Presbytère est pris dans le sens de « Conseil de l'évêché ».

sorte d'indépendance des premiers pasteurs. Or, comment des évêques pourraient-ils en conscience souscrire à un pareil renversement dans la discipline et les principes. »

La première objection n'est pas sérieuse, dit le mandement ; ces craintes qu'on allègue sont purement spécieuses ; ce sont de misérables prétextes d'opposition, car, en admettant, ce qui est bien improbable, qu'un chef d'un collège électoral eût eu assez d'autorité et de crédit pour élever au rang de « pasteurs » des hérétiques et des « ministres scandaleux » — c'est l'expression textuelle de la « Lettre pastorale » — ; que pouvait-on craindre, puisque les évêques et les métropolitains peuvent, en vertu de la Constitution, « examiner les pasteurs élus sur leur doctrine et leur conduite passée, et les refuser s'ils les jugent indignes ».

La seconde objection, celle ayant trait à la hiérarchie, ne supporte pas davantage la discussion. La « Lettre pastorale » se borne à rappeler aux détracteurs de la nouvelle Constitution que le mode d'élection actuel — n'oublions pas que nous sommes en 1791 — est essentiellement le même, quant au fond, que celui des beaux siècles de la primitive Eglise, et que l'évêque a aujourd'hui, comme alors, la principale influence sur l'établissement des curés dans leurs paroisses respectives.

« *L'Evêque aura la faculté d'examiner l'élu en présence de son* « *conseil sur sa doctrine et ses mœurs, et s'il le juge capable, il lui* « *donnera l'institution canonique.* » [1]

Voilà qui est clair.

IV

La Constitution conforme a la foi, nécessaire « au bien public » doit être ratifiée.

Après avoir démontré que la Constitution proposée au clergé était conforme en ses parties essentielles aux grands

(1) Constitution civile du clergé, art. 36, titre II.

principes de la foi, de la discipline religieuse; en un mot à l'esprit des « canons ecclésiastiques », la conscience permettait de l'adopter.

« Or, dit-il, si la conscience a promis aux évêques d'adopter la Constitution, qui leur a été proposée et que la puissance législative l'ait jugé nécessaire *au bien public*, ils étoient obligés comme citoyens et comme ministres de la religion de l'adopter et de la ratifier.

_ Donc ceux-là seuls ont rempli leur devoir qui ont accepté la Constitution civile du clergé.

C'est en vain que pour jeter des doutes dans l'âme des fidèles, on affecteroit de leur dire qu'ils ne peuvent s'y soumettre, qu'après un jugement authentique de l'Eglise, car il est de l'évidence la plus palpable — et ici nous supplions nos frères en Jésus-Christ de faire avec nous cette observation, au pied du souverain Juge qui doit repousser à jamais ceux qui auront repoussé eux-mêmes la force de la vérité — il est de l'évidence la plus palpable que les évêques de France ayant pu, ayant dû ratifier les articles de la Constitution, Jésus-Christ l'exige. »

Tout article de foi, ou de discipline, conforme aux principes de la primitive Eglise, aux anciens canons ecclésiastiques, est virtuellement d'essence divine, et nécessairement ordonné par Jésus-Christ. C'est la théorie religieuse de l'évêque Flavigny ; d'où Jésus-Christ l'exige. L'auteur fait intervenir en maints endroits, le nom de Jésus-Christ, et pas une seule fois le nom de la Sainte Vierge Marie. Etait-ce habitude ou... prudence. Plutôt l'une que l'autre. En ce temps là, les *saints* n'étaient pas en odeur de sainteté.

« Si Jésus Christ l'ordonne, l'Eglise universelle le veut *nécessairement*, nonobstant le refus opiniâtre et anticivique de la majorité des évêques de France.

Mais puisque l'Eglise universelle a ratifié nécessairement la Constitution, la cause est finie, quelque système que l'on embrasse, quelques vaines subtilités qu'on employe, quelques efforts que l'on fasse pour méconnoître la vérité.

. . . .

« Et si après tout ce que nous avons dit, il pouvoit vous rester le moindre doute sur la légitimité du « *serment* », dans ce cas même, qui paroit impossible, la soumission aux lois ne seroit-elle pas encore pour vous de l'obligation la plus étroite ? Car, enfin, N. T. C. F. n'est-ce pas un principe avoué des plus saints Docteurs, des Théologiens les plus pieux et de l'Eglise universelle *« que tout citoyen doit obéir aux loix de l'Etat. adopter et soutenir les loix de l'Etat. à moins qu'il ne soit démontré que l'Etat commande un crime !* Donc, et quand même, il vous resteroit un doute sur la légitimité des loix qu'on vous propose, vous ne pourriez, sans crime, résister à la puissance civile établie de Dieu, en conservant les usages qu'elle abolit, en refusant des loix qu'elle propose, en vous obstinant à conserver votre titre. »

Où il est démontré que les prêtres réfractaires se sont destitués eux-mêmes.

« Mais revenant au point où la vérité vous a conduits, dites avec nous, N. T. C. F., « puisque les évêques de France ont pu, puisqu'en rigueur, ils ont dû accepter la Constitution, puisque l'Eglise l'approuve *nécessairement*, tout évêque, tout fonctionnaire public, à qui l'Etat laisse le choix de s'y soumettre, ou d'abandonner ses fonctions, ne peut se plaindre de vexations et d'injustice ; et il renonce par le fait même à sa place, de cela seul qu'il ne remplit pas la condition nécessaire pour la conserver. Tous les évêques, tous les pasteurs, tous les fonctionnaires publics ecclésiastiques qui ont refusé de se soumettre à la Constitution, ne sont donc point *déposés*, mais se sont *destitués* eux-mêmes ; et leur refus, légalement constaté, est évidemment, par la disposition même de la loi, nonobstant leur protestation, une *démission effective*.

« Et de même que, sans autre forme de procès, sans déposition canonique prononcée par l'Eglise, un évêque qui refusoit le serment de fidélité, étoit, par là même, incapable de posséder un évêché en France, de même aujourd'hui un évêque, qui a refusé le serment proposé par la loi, a contracté volontairement une *inhabilité* légale à remplir, en France, aucunes fonctions publiques, sans qu'il ait été besoin d'attendre qu'il se démît par un acte formel, ou que l'Eglise ou les tribunaux de justice, le déposassent canoniquement. »

La raison en est que pour l'un comme pour l'autre cas la loi a prononcé l'inhabilité à posséder un bénéfice et à remplir un emploi public contre quiconque refuserait de prêter le « serment » exigé par le Souverain.

Où l'évêque se montre tolérant pour les prêtres réfractaires. Il plaide les circonstances atténuantes.

M. l'évêque Flavigny est un noble caractère. Il se montre bon et généreux à l'égard des prêtres réfractaires. Il a l'âme noble et élevée. « Nous aimons à croire, dit-il, qu'aucun de ceux qui n'ont pas voulu prêter le serment n'est coupable. »

« Ce n'est point un « crime », dit-il, c'est un malheur de n'avoir pu découvrir la vérité et d'être tombé dans un état qui rend inhabile à remplir les fonctions publiques. » Ils ont été plus malheureux que criminels, égarés par des craintes sans fondement, séduits par des écrits fanatiques, entraînés par des exemples imposants, mais non coupables de rébellion formelle. Et quant à la grande majorité des curés, privés des moyens de s'instruire, de se renseigner eux-mêmes à fond sur la question du serment, ils se sont laissé entraîner par l'exemple et l'ascendant de leurs chefs spirituels.

« Quoiqu'il en soit, ajoute le digne prélat, gardez-vous de vous permettre aucuns soupçons injurieux à leurs vertus; plusieurs d'entre eux ont droit à votre estime et à votre reconnoissance. »

Tout cela est bien et d'une âme généreuse, et comme on dit aujourd'hui : C'est le geste d'un brave homme.

Puis il continue :

« Espérons que la Providence fera naître des évènements des circonstances propres à réunir les opinions et à conserver pour le bonheur de la France, des ministres dignes, la plupart, et de ses regrets et de la vérité. Ah ! N. T. C. F., si nos vœux ardens, si nos larmes, si le sacrifice de notre vie même pouvoit obtenir du ciel cette faveur signalée, nous ne croirions pas l'acheter trop cher de notre vie. »

Ici le geste confine au tragique... Brr! mais qu'on se rassure!... ce n'est qu'un bel effet de rhétorique.

Dans les premiers temps de l'application, de la loi nouvelle, le gouvernement se montra tolérant et plein de mansuétude envers les prêtres. Il ne voulut pas recourir aux moyens de rigueur qui répugnent toujours aux sentiments des Français; mais voyant que le zèle imprudent des uns et l'agitation turbulente de plusieurs, avaient causé une agitation scandaleuse qui pouvait devenir fatale, il se décide à employer les grands remèdes de pacification, et prit, en ce but, un décret (1792) qui expulsait de France tous les prêtres réfractaires.

Oui! l'Etat avait le droit, le devoir d'interdire aux prêtres insoumis, l'exercice de leurs fonctions ecclésiastiques ; il avait le droit de les priver des places les plus importantes, des places où il est le plus facile d'abuser de l'ascendant que l'on a sur les esprits, sur les cœurs et sur les croyances.

Non ! l'Etat ne pouvait continuer à conserver, à combler de biens et d'honneurs des « particuliers » qui voulaient se mettre au-dessus des lois ; car il est inadmissible de prétendre, dit en substance, notre auteur, que les chefs du gouvernement n'aient pas le droit d'exiger le serment dès qu'il est prouvé qu'il est légitime, et jugé nécessaire au bien public.

Puis achevant sa démonstration :

« Lorsque l'Eglise, dit-il, assigne à son ministre une place dans la maison de Dieu et que l'Etat se charge de l'y protéger, ce ministre doit faire ce qui est nécessaire pour la conserver ; autrement l'Eglise, l'Etat et Jésus-Christ même lui ordonnent de la quitter, ou plutôt, il y renonce par le fait, en refusant de prendre les moyens de s'y maintenir. »

* * *

Où l'on fait intervenir le Pape...

Mais, dira t on, le *Pape défend de prendre ces moyens, le Pape condamne la Constitution.*

On se rappelle, en effet, que Pie VI désapprouva la Constitution civile du clergé.

Nous transcrivons les appréciations de M. l'évêque Flavigny.

« Pénétré de respect, comme nous le sommes pour le saint Siège, pourquoi nous forcer, N. T. C. F., de traiter un article aussi délicat? Pourquoi, malgré la modération dont nous faisons profession, nous obliger de vous rappeler ici les manœuvres odieuses que l'on a employées pour compromettre la dignité pontificale?

Mais puisqu'on nous met dans la nécessité d'une juste défense, ce seroit un crime que de déguiser la vérité. Et pourquoi, hésiterions-nous de dévoiler à vos yeux ce qui est connu aujourd'hui de toute la France? Oui, si les brefs qu'on vous présente ne sont pas l'ouvrage de l'imposture, si l'on veut faire au souverain Pontife l'injure de le soupçonner, de ne pas même entendre le sens des articles fondamentaux de notre Constitution que les enfans n'ignorent pas parmi nous, de quelle autorité pouvait être les écrits dont l'auteur ne condamne les principes de la Constitution qu'en les prenant à contre sens, des écrits, où contre toutes les règles, on prétend juger des François à Rome en première instance, sans les avoir entendus, sans avoir demandé à les entendre, des brefs clandestins dont le « vérificateur » tout au moins suspect, est un folliculaire sans caractère, enfin des prétendus brefs sans authenticité quelconque et qui, fussent-ils aussi certains, aussi authentiques, aussi conformes aux loix qu'ils le sont peu, ne sauroient prévaloir contre des preuves évidentes de la légitimité du serment? »

Non! il n'y a que des hommes qui ignoreroient jusqu'à quel point l'on a abusé du nom des Papes et dont les bulles de Rome contre l'autorité lègitime souveraine, qui oseroient prétendre que des bulles aussi illégales, des bulles portant tant de marques d'imposture, doivent faire méconnoître des vérités solidement établies et dégager les François de la soumissiou à des loix légitimes.

« Oui, N. T. C. F., notre respect pour le souverain Pontife est si sincère qu'il nous seroit plus facile de croire à quelques suppositions ennemies dans un siècle si fécond en pareilles ressources que d'attribuer au Pape, plein de douceur et de prudence, des ouvrages remplis de termes injurieux pour la première assemblée de l'univers et pour une nation toujours si généreuse envers le saint-Siège; des écrits, enfin, dont l'érudition indigeste est plus digne du Xe siècle que de celui de Louis XVI.

Aussi, ressaisissant la chaine des vérités que nous avons établies, disons, sans crainte que ceux-là seuls sont restés réellement *« fonctionnaires publics »* sur le sol françois qui ont prêté le serment exigé par la Constitution. Les autres s'étant exclus eux-mêmes par leur refus, de la place qu'ils occupoient. La protestation qu'ils ont pu faire de vouloir conserver leur titre en refusant le serment, rend leurs sièges plus sûrement vacans, parce qu'elle les rend eux-mêmes plus coupables aux yeux de la Loi. »

Ces sièges, devenus vacants, il est évident que l'intention de l'Eglise et de l'Etat est de les pourvoir de titulaires.

Ce sera l'objet du chapitre suivant.

V

Nomination aux sièges vacants selon le mode constitutionnel. — Election. — Confirmation.

Elle se fit d'après la prescription de la Constitution civile du clergé.

L'ancienne discipline ecclésiasiatique a été abrogée ; une nouvelle, conforme aux anciens canons, la remplace et ceux-là, dit l'évêque, « sont légitimement établis de Dieu pour remplir les sièges vacans et les sièges de nouvelle création qui y auront été placés suivant cette forme canonique. »

« Or, d'après les loix, plusieurs choses concourent à donner au peuple de légitimes pasteurs : l'élection, l'institution, la consécration.

Il faut être élu [1]. Si vous n'avez point le suffrage du peuple, il est impossible que vous ayez celui de Dieu, de ce Dieu, de qui toute puissance émane et qui, comme le dit St-Cyprin, a donné au peuple *le droit de choisir de dignes ministres ou de rejeter les indignes*, du Dieu qui par la bouche des Apôtres donna au peuple le choix des sept premiers diacres, et des successeurs du disciple apostat [2].

(1) Ainsi eut lieu, le 13 mars 1791, à Vesoul, en l'église St-Georges, une nomination par le collège électoral, à la dignité d'évêque. Ce jour-là, le curé de Vesoul Flavigny fut promu à l'épiscopat, selon le mode nouveau.

(2) Mathias, disciple de Jésus-Christ, dont l'Eglise a fait un saint, fut élu à la place de Judas Iscariote.

A la nomination succédait la confirmation ; celle-ci était donnée par le clergé métropolitain qui venait d'être rétabli dans ses droits primitifs pour le grand bien des fidèles, de l'Eglise et de l'Etat. Anciennement, c'était au Roi à nommer les évêques, et au Pape à confirmer cette élection. On conviendra que le changement était radical.

Cette confirmation d'élection était une source de gros revenus pour le Saint-Siège. A chaque nomination ecclésiastique était attachée une redevance que les papes percevaient sous le nom « *d'annate* » (1). La valeur de cette redevance devait représenter le revenu d'une année du bénéfice, d'où son nom. On s'explique alors la condamnation que Pie VI prononça contre la Constitution civile du clergé.

Cette réforme, apportée à la discipline religieuse, a le don de combler d'aise le digne Prélat. Il est satisfaif au delà de tout : il est ravi. Sa joie éclate en de nombreuses pages de son mandement dont les dernières touchent à la prolixité. Il dit :

« L'Eglise a reconquis sa liberté, ses antiques privilèges. L'épiscopat se relève ; l'Eglise gallicane brille de son premier éclat ; les règles canoniques, les libertés de l'Eglise de France, qui ont pu être abolies pendant plusieurs siècles, sont rétablies et fonctionneront dans toute leur force ; ses fidèles cessent d'être comptés pour rien : ils présenteront pour pasteurs ceux qui leur paraissent dignes de la confiance publique. »

Puis le ton s'élève et s'épand en de sincères et touchants accents dithyrambiques.

« Qu'il est majestueux aux yeux du sage cet ordre de choses, où le simple peuple porte d'abord son vœu au ministre des autels par les électeurs librement choisis, qui jurent à la face du ciel et de la terre de ne point tromper sa confiance et où le

---

(1) Ce droit était fort ancien. On le perçut dès le XIIIe siècle. Charles VI défendit de le payer. Le Concordat de 1516, conclu entre François Ier et Léon X le rétablit, et il dura jusqu'au décret du 4 août et celui du 2-4 novembre 1791, par lesquels l'Assemblée constituante les abolit. L'Italie avait devancé la France dans le refus de payer cette redevance.

clergé, par l'organe des premiers Pasteurs, présente au trône de l'Eternel sous les mains du pontife consécrateur, celui qui doit offrir au nom de tous les fidèles, l'encens et les pains, et rapporter au peuple, de la part du Seigneur des paroles de paix, de réconciliation et de vérité ! O qu'un pareil ministre porte visiblement le caractère auguste et divin de député des hommes auprès de Dieu et d'ambassadeur de Dieu auprès des hommes ! »

VI

Conclusions et péroraison.

Après une nouvelle et intéressante dissertation sur les pouvoirs d'ordre, de juridiction, ainsi que sur la mission canonique et divine dont doivent être pourvus les prêtres chargés des intérêts religieux des fidèles, l'évêque arrive à la déclaration qui est en quelque sorte le résumé et la conclusion de son fort substantiel discours à ses ouailles.

« Nous avons donc, N. T. C. F., par la miséricorde du Seigneur tous les pouvoirs nécessaires pour travailler utilement à votre œuvre et le ciel nous est témoin que dans ce temps de contradiction, si notre cœur peut s'ouvrir encore à quelques sentiments de joie, c'est de pouvoir être le serviteur de tous et de vous aider à porter la croix de Jésus-Christ, assuré qu'après la tempête, Dieu ramènera le calme, et que les souffrances passagères de cette vie, ne sont pas à comparer au torrent de délices et à la couronne de gloire que le souverain Juge prépare à ceux qui auront conservé fidèlement le dépôt de la foi et qui savent allier la soumission aux justes loix de l'Etat et au respect de celles de l'Eglise et de Dieu

Si donc, jusqu'à ce jour, vous avez cherché avec inquiétude parmi les dispensateurs des mystères divins, quel est celui à qui vous pouvez donner votre confiance, nous croyons, qu'à présent nous n'avons plus besoin de faire l'apologie de notre ministère; la meilleure preuve que nous puissions présenter à ceux qui calomnient les amis de la loi et de la vérité en les représentant comme des méchans et des pervers « *Epistola nostra vos estis!* (1) » Pourrait il en être jamais de plus touchante ? Ah! elle est empreinte jusqu'au fond de notre cœur : « *Scripta un cordibus nostris!* (2) » Tous ceux qui s'efforceraient de l'en arracher y li-

---

(1 et 2) Citations détachées d'un passage de l'apôtre Paul (IIe aux Corinthiens III, v. 2). « *C'est vous qui êtes notre lettre, écrite dans nos cœurs,* connue et lue de tous les hommes. » A. P.

roient en caractères de feu notre attachement inviolable pour la Religion et la Patrie, pour le siège de St-Pierre, *dont aucune puissance humaine ne pourra nous séparer malgré nous, parce que jamais nous ne cesserons de croire ce qu'il enseigne conjointement avec l'Eglise universelle. Jamais nous ne cesserons de le regarder comme le centre commun de l'unité catholique* [1] *et de reconnaître la primauté des successeurs du Prince des Apôtres auxquels on doit la soumission et l'obéissance que les saints Conciles et les saints Pères ont enseignées à tous les fidèles.* Avec ces sentiments de foi et d'union. solennellement exprimés dans notre *Lettre* au souverain Pontife, nous ne craignons aucune des inculpations odieuses de la calomnie. Professant la même foi que l'Eglise catholique, apostolique et romaine, et *reconnoissant le chef établi de Dieu pour conduire tout le troupeau dans ses voies conformément aux canons*, il n'est libre à aucun vrai catholique de refuser de convenir que nous sommes réellement dans la communion du Saint-Siège et de l'Eglise catholique, apostolique et romaine.

Or, quel usage plus touchant pourrions-nous faire du ministère divin qui nous est confié que de vous exhorter à la paix et de vous ouvrir, dès notre entrée en la carrière évangélique, la voie parfaite de la charité qui est la marque certaine de la charité, la reine de toutes les vertus et la source de tous les biens.

Au milieu de l'agitation des empires, *montrons-nous dignes imitateurs et dignes ministres de Jésus-Christ par notre soumission aux puissances légitimes, par la douceur, la patience, la charité la plus sincère, l'amour de la justice et de la vérité.* Sans cesser d'être armés pour la défense de la patrie, des lois et de la liberté. sans cesser de veiller comme vous l'avez fait jusqu'à ce jour à sa sûreté, sous la direction de citoyens zélés que vous avez chargés de l'administration publique, donnez à la modération et à la douceur cet empire qu'elles doivent avoir sur des cœurs sensibles et vraiment chrétiens, vous donnerez à la Constitution françoise, déjà victorieuse et triomphante par ses principes, une nouvelle autorité à laquelle tous les cœurs françois ne pourront se refuser ; vous la rendrez aimable, vous la ferez désirer de toutes les nations et peut être de ceux-mêmes que leurs préjugés auroient armés contre elle.

---

(1) Voyez l'Exposition de la Doctrine de l'Eglise catholique, par Bossuet.

O Dieu! qui du haut des cieux avez veillé dans tous les siècles d'une manière toute spéciale sur les grandes destinées de la France et qui avez conduit jusqu'à cette heure sa glorieuse Révolution au milieu de tous les périls qui l'ont menacée, nous vous en conjurons, daignez mettre le dernier sceau à votre ouvrage et l'amener à sa perfection pour la gloire de la Religion, pour le triomphe de la vertu et l'exemple de l'univers.

A ces causes, après en avoir délibéré avec notre Conseil, nous invitons MM. les curés et vicaires de notre Diocèse, à lire ou faire lire au prône de la messe paroissiale notre présente *Lettre pastorale*, le premier dimanche qui suivra immédiatement sa réception.

Donné à Vesoul, le vingt juillet mil sept cent quatre-vingt-onze.

† J.-B. FLAVIGNY,

Evêque du département de la Haute-Saône.

Telle est, en substance, cette fameuse *Lettre pastorale* qui fit beaucoup parler d'elle, à l'époque où elle parut, « cet écrit lumineux, dit l'Arrêté préfectoral de la Haute-Saône, destiné à apaiser les doutes et à calmer les consciences de tous ceux qui cherchent la vérité avec droiture ». Eh bien ! malgré ses réelles qualités et les bonnes intentions dont elle est remplie, elle n'eut aucune action décisive, — et elle ne pouvait en avoir, — sur l'opinion publique, d'avance fixée, arrêtée. Les positions étaient prises. La grande majorité du clergé s'était inclinée devant l'opposition du Pape, et la foule des fidèles suivaient aveuglément les directions des Sociétés populaires. Voilà, en un mot, le bilan de la situation qui se poursuivra ainsi avec, de temps en temps, quelques petites querelles de sacristie, jusqu'à la fameuse loi du 20 brumaire an II, (nov. 1793) qui mit tout le monde d'accord... en fermant les églises.

Après avoir examiné la réforme que la Constituante opéra dans le clergé, on est inévitablement amené à jeter un rapide coup d'œil sur celle que la loi sur la « Séparation » a apportée dans l'organisation actuelle des cultes. Et disons, tout d'abord, que les promoteurs de ces deux crises religieuses, à plus d'un siècle d'intervalle, se sont proposé des buts diamétralement opposés. Tandis que la Constituante faisait de tout le clergé un corps « de fonctionnaires » sous la discipline de l'Etat — étrange illusion ! — le gouvernement, sous la troisième République, a brisé les liens qui les attachaient à l'Etat, et les fonctionnaires ecclésiastiques sont redevenus de simples citoyens. « Le but élevé de la Séparation, a dit M. Briand, a été de libérer à la fois, et les religions et les citoyens. »

N° 2

Lettre du pasteur Kilg, député à l'Assemblée Nationale, à son collègue d'Héricourt, G.-F. Méquillet.

Paris, le 12 septembre 1790.

Monsieur et très honoré collègue,

J'ai l'honneur de vous adresser la copie exacte du Décret que l'Assemblée Nationale vient enfin de rendre en faveur de nos frères. Veuillez la communiquer à la Seigneurie d'Héricourt, en attendant que, la sanction donnée, je puisse en multiplier les copies.

C'est cette sanction qui me retient encore ici, jointe aux démarches qu'il me faut faire pour engager le Comité ecclésiastique à ranger nos dixmes abolies, dans la classe des biens rachetables.

Je pense que je gagnerai encore ce point avant de partir. C'est à regret que je ne puis pas, à ce moment même, retourner dans le sein de ma famille.

Mais je crois qu'il faut finir tout ce que l'on peut pendant qu'on y est.

Je n'ai pas besoin de vous analyser le Décret. Vous verrez sans doute tout ce qu'il renferme d'avantageux pour nous.

Votre curé d'Héricourt ([1]) a fait l'impossible pour me faire échouer. Il a répandu des écrits infâmes sur mon compte. J'ai été obligé de répondre très à la hâte. Je vous envoie quelques exemplaires que vous voudrez bien distribuer à ceux qui ont connaissance de ces libelles. Je ne serais pas fâché qu'il en eût lui même. Il faut cependant

(1) Fourcault.

(2) Communication de M. le pasteur Mettetal, président de l'Association cultuelle d'Héricourt.

tâcher de le ramener à la raison par la douceur. Je le verrai à mon retour.

J'ai l'honneur d'être, avec la plus parfaite considération,

Monsieur et très honoré collègue,

Votre très humble et très obéissant serviteur,

Signé : KILG, pasteur.

Extrait du Procès-verbal de l'Assemblée Nationale du 9 septembre 1790.

L'Assemblée Nationale, après avoir entendu le Rapport de son Comité de Constitution,

Considérant que les Protestants de la Confession d'Augsbourg, habitant les Terres de Blamont, Clémont, Héricourt et Châtelot, situées dans la ci-devant province de Franche-Comté et dépendant aujourd'hui des départements du Doubs et de la Haute-Saône, ont toujours eu l'exercice public de leur culte avec églises, écoles, sépultures, *fabriques*, *consistoires*, *paiement* de ministres et maîtres d'écoles ;

Décrète en conséquence, et d'après *les principes adoptés pour les protestants qui habitent la ci-devant province d'Alsace*, qu'ils continueront désormais à jouir de l'exercice public de leur culte, *avec tout ce qui en dépend*, dans l'étendue des quatre terres de Blamont, Clémont, Héricourt et Châtelot, et que *les atteintes qui peuvent y avoir été portées seront regardées comme nulles et non avenues.*

Sur les autres objets de la pétition des protestants des quatre Terres, l'Assemblée Nationale décrète que les départements du Doubs et de la Haute-Saône rassembleront toutes les instructions et éclaircissements nécessaires et les adresseront avec leur avis à l'Assemblée Nationale qui statuera.

Collationné à l'original par nous, secrétaires de l'Assemblée Nationale à Paris, le 12 septembre 1790.

L. S. Vieillard de St Lô, Danchy, Goupilleau, etc. etc. etc.

N° 3

Séparation des Eglises et de l'Etat. Loi du 9 décembre 1905. Les Inventaires en 1906.

Depuis la réorganisation des cultes, un long siècle s'est écoulé — exactement cent quatorze ans — sans qu'il fût porté atteinte à la célèbre convention conclue, le 15 juillet 1809 entre Bonaparte et Pie VII. En présence de ce long espace de temps, de cette continuité de durée dans le calme et la paix, on pouvait se laisser aller à lui prédire de longs siècles d'existence, à la croire inébranlable, intangible. Et voilà qu'un vent ayant soufflé, en tempête, elle se trouve fortement ébranlée. Comment sortira-t-elle de cette grosse tourmente qui s'est déchaînée sur elle? L'avenir le dira.

Ainsi vont les choses humaines. Rien n'est impérissable. Tout se modifie, se transforme ; tout est soumis à l'inexorable loi de « l'évolution, dont les causes, diverses et cachées, bien souvent nous échappent. Mais laissons à des plumes plus autorisées, le soin de les rechercher, de les commenter, et d'en tirer les déductions qu'elles comportent.

Notre rôle est plus modeste : nous nous bornons ici à la notation rapide et succincte des événements qui se sont succédé ou se produisent sous nos yeux ; et ce faisant, nous voici arrivé au seuil d'une crise grave dans l'histoire des cultes, la crise de la *Séparation des Eglises et de l'Etat.*

Cette loi du 9 décembre 1905, complétée par celle du 2 janvier 1907, revue, modifiée par les circulaires et les commentaires de M. Briand ([1]), est appelée à jeter une profonde perturbation dans la situation matérielle du clergé.

(1) Ministre de l'Instruction publique et des Cultes.

Ensuite de l'application de la loi de « Séparation » tout le vieil édifice organique, qui régissait les cultes chrétiens, craque et s'écroule : le Concordat va rejoindre les anciennes pragmatiques, le salaire des prêtres disparaît : *« la République ne reconnaît, ne salarie, ni ne subventionne aucun culte* (1), » les établissements ecclésiastiques, et les revenus y attachés, à défaut de toute association pour recueillir ces biens, « seront attribués par décret aux établissements communaux d'assistance ou de bienfaisance » (2); les palais épiscopaux, ces fastueuses habitations des princes de l'Eglise, font retour à l'Etat, aux départements, et il n'est pas, jusqu'à l'humble presbytère de campagne qui, en changeant de destination, ne soit exposé, selon les circonstances, à perdre son cachet de vie calme et sereine, sous la désignation de bien « de la commune. » (3).

Quant aux majestueuses cathédrales et églises épiscopales, ainsi qu'aux humbles et modestes églises de campagne, elles conservent leur traditionnelle affectation et sont laissées « toutes portes ouvertes », selon la pittoresque expression du Ministre des Cultes « à la disposition des fidèles pour la pratique de la religion. »

Voyons ce qu'a perdu l'Eglise à la suite de son refus de constituer des « Associations cultuelles ». C'est M. Briand lui-même, l'auteur de la loi de « Séparation » qui va nous l'apprendre.

« Si la loi de 1905 avait été acceptée par l'Eglise, elle aurait fondé partout des associations qui ne seraient, en réalité, que des conseils de fabrique transformés, qui jouiraient de toutes les facultés de ressources qu'ignorent les associations de droit commun.

« Elle aurait le droit de posséder une caisse dont les ressources ne seraient pas limitées; elle aurait droit à une réserve considérable pour faire face aux dépenses de

(1) Loi de Séparation, 9 décembre 1905, art. 2.
(2) id. id. art. 9.
(3) Loi du 2 janvier 1907.

tous les jours. Elle garderait le patrimoine des édifices du culte, sans parler de la propriété incontestée de 2000 églises, de 2500 presbytères, d'un grand nombre de séminaires, petits et grands.

« Elle serait dans la même situation privilégiée où se trouvent les cultes protestant et israélite. Au lieu de cela, elle en est à ce point de solliciter, avec l'agrément de Rome, la location des églises, non seulement des églises qui appartiennent à l'Etat et aux communes, mais de ses propres églises, de celles qui étaient sa propriété incontestée, et sur lesquelles il lui suffisait de faire un geste incontesté pour s'en attribuer la possession » (1).

Les Inventaires en 1906. — Suivant la loi de 1905, art. 3, les agents de l'administration des domaines ont été chargés de procéder à l'inventaire descriptif et estimatif des biens des églises et des établissements publics supprimés. Cet acte administratif, purement conservatoire, a eu lieu le 3 février 1906, en l'église catholique d'Héricourt et deux jours après au temple protestant. Cette double opération s'est faite sans bruit, sans manifestation extérieure d'aucune sorte. Acceptée avec faveur par la très grande majorité des protestants, la loi de « Séparation » ne devait rencontrer aucune opposition. Chez les catholiques, au contraire, où dès le début, elle avait été accueillie assez « fraîchement », on aurait pu s'attendre à une manifestation de protestation. Il n'en a rien été : tout s'est passé fort correctement. Il n'y a eu de protestation que celle que M. l'abbé Retz, curé-doyen de la paroisse a lue, en la sacristie, en présence de MM. les membres du Conseil de fabrique, et de M. Bonnot, receveur des domaines ; elle se trouve insérée dans le procès-verbal d'inventaire qu'on lira plus loin.

En constatant cette attitude calme et digne des paroissiens catholiques d'Héricourt, nous nous plaisons à la

(1) A. Briand. Chambre des Députés, mardi 19 fév. 1907.

faire remonter à l'attitude prudente et conciliante de M. Retz qui, depuis vingt années qu'il administre la paroisse du chef-lieu de canton, sans qu'aucun conflit se soit produit entre les deux confessions religieuses, a toujours vécu en parfaite harmonie avec toutes les classes de la société, pauvre ou riche, et surtout avec le clergé protestant.

On lira sans doute avec intérêt ces documents qui fixent une date dans l'histoire religieuse d'une société. Nous les devons à l'obligeance de MM. A. Retz, curé-doyen, et de J. Mettetal, pasteur, président du Consistoire d'Héricourt.

N° 4

Inventaire des Biens dépendant de la fabrique de l'église curiale d'Héricourt [1]

(3 Février 1906)

Dressé en exécution de l'art. 3 de la loi du 9 décembre 1905.

L'an 1906, le 3 février, à 8 h. 1/2 du matin,

En présence de MM. Retz, curé doyen à Héricourt, et Priquet, président du bureau des Marguilliers au même lieu ;

Nous, soussigné, Bonnot, receveur des Domaines à Héricourt, etc...

Avons procédé, ainsi qu'il suit à l'inventaire descriptif et estimatif des biens de toute nature détenus par la fabrique de l'église curiale d'Héricourt.

I

A l'Église d'Héricourt

Protestation — Avant le commencement des opérations, M. le curé-doyen a lu à la sacristie la protestation suivante :

Paroisse catholique d'Héricourt.

Nous soussignés, membre du Conseil de fabrique de la paroisse catholique d'Héricourt ;

Représentants officiels de l'Assemblée paroissiale et chargés de veiller à la conservation des biens et objets affectés au culte catholique, regardons comme un devoir :

---

(1) L'église catholique d'Héricourt n'a pas constitué « d'Association cultuelle ». Ce culte compte environ 4,130 membres, année 1906

1° De protester contre une législation qui viole les droits de l'église ;

2° De faire réserve de tous les droits de la fabrique ;

Notre église a été bâtie par la fabrique avec le concours des fidèles et très spécialement de M. le curé. Nous revendiquons la propriété de cette église et de tout ce qu'elle renferme.

Tous les donateurs réservent aussi leurs droits de propriété et nous vous demandons formellement d'insérer nos réserves au cours de l'inventaire.

Nous ne voulons donc figurer ici qu'à titre de témoins et en vue d'éviter des conflits possibles pour tous, mais nous n'entendons nullement donner à la loi, par notre présence, une adhésion quelconque, spécialement en ce qui concerne la dévolution des biens de notre fabrique ;

Attendant pour être autorisés, à ce faire, la parole du Souverain-Pontife et de notre archevêque, qui diront si l'on peut établir des associations cultuelles : sous ces réserves, nous avons signé la présente déclaration.

Fait à Héricourt, le 3 février 1906.

Signé : L'abbé Retz, curé-doyen ; A. Nardin ; H. Monnin ; L. Priquet ; X. Guichard.

Cette protestation a été annexée au présent procès-verbal avec mention.

Puis il a été procédé ainsi qu'il suit :

1° A la Sacristie.

1.	Fourneau.	10
2.	Une armoire à 15 tiroirs renfermant des vêtements du culte	50
3.	Un meuble scellé au mur ayant 8 portes et 12 tiroirs renfermant des vêtements du culte. .	40
4.	9 chasubles dont 2 blanches, 1 jaune, 1 violette, 2 rouges, 1 verte et 2 noires	90
5.	7 chapes dont 1 jaune, 1 blanche, 1 rouge, 2 noires, 1 violette et 1 verte	70
6.	2 calices dont un en argent et l'autre en cuivre.	60
	A reporter. . . .	320

	Report. . . .	320
7 à 13.	1 ciboire en étain, crucifix, cadre, petites chasses, lavabos, etc.	15
14.	Un vieux confessionnal	5
15.	Une armoire à 2 portes	10
16 à 18.	Encensoirs en cuivre. 3 petits chandeliers, 2 tableaux.	5 50

2° Au chœur.

19.	Le prêtre, invité à ouvrir la tabernacle, s'y est refusé et a déclaré qu'il contenait un ciboire en acier doré renfermant le Saint-Sacrement .	80
20.	Maître autel avec 6 candélabres; le maître-autel en chêne recouvert d'une nappe en toile . .	2.000
21.	A droite et à gauche deux autels en chêne avec 4 candélabres	1.200
22.	Statue de St-Joseph	50

M. Retz, curé doyen déclare :

1° Que les trois autels sont sa propriété personnelle pour les avoir payés de ses deniers. Il a représenté trois factures à son nom, datées du 22 avril et 5 juillet 1887 *et* 28 mars 1888;

2° Que la statue de St-Joseph est revendiquée par Mme Gulling par lettre du 26 déc. 1905.

23 à 27.	12 tabourets, 1 brûle-cierges, un fauteuil et 2 tabourets avec housses, 10 fr.; 5 chaises, 5 fr.; 1 lampe à huile, 5 fr.	34

3° A la Nef droite.

28.	Un chemin de croix composé de 7 tableaux scellés au mur	70
29.	Un vieux harmonium	25
30 et 31.	Sept petits bancs, 1 fr., et un confessionnal en chêne	300
32.	Un chemin de croix composé de 7 tableaux scellés au mur	70
33.	Un calorifère	200
34.	Un confessionnal en chêne	300

M. Retz, curé doyen, revendique les deux confessionnaux. Il a représenté une facture à son nom du 27 janvier 1887.

A reporter	4.681 50

Report. . . . 4.681 50

35 et 36. Tableau de la sainte face, 5 fr., et 11 petits bancs, 2 fr. 7

5° A la Nef du milieu.

37. Statue de St-Antoine de Padoue 80

M. le curé déclare que ce tableau est revendiqué par la famille Priquet.

38 et 39. Un crucifix, 5 fr.; 400 chaises, 600 fr. . . 605

M. le Curé déclare que sur ces 400 chaises, 200 sont la propriété absolue des fidèles.

40. Grandes orgues 10.000

M. le Curé déclare :

1° Que les orgues ont été achetées par souscription et qu'elles sont revendiquées par les fidèles ;

2° Que la grille de communion est revendiquée par M. de Raincourt, par lettre du 25 janvier 1906;

3° Que les deux grands vitraux de la nef sont revendiqués par Mme veuve Minal ;

4° Qu'il revendique quatre verrières ; il représente une facture à son nom du 29 juin 1889;

5° Que M. A. Simendinger, à Héricourt, revendique les sommes qu'il a versées pour l'achat du mobilier de l'église.

41. 4 cloches du poids total de 4557 kilogs et leurs accessoires 8.600

Trois de ces cloches sont revendiquées par MM Priquet, veuve Clochey-Perrin, Schuebetzer, veuve Courvoisier et veuve Magrey, par lettre du 25 janvier 1906, représentée par le M. Curé ;

La quatrième, d'un poids de 600 kilogs, provient, à la fabrique, du patronage des biens de l'église mixte d'Héricourt (1).

6° Numéraire.

Néant.

A reporter. . . . 23.976 50

(1) Série 5, au nom de la fabrique de l'église d'Héricourt, à charge de services religieux.

Report. . . . 23.977 50

7° Titres et Valeurs.

42. Un titre de 6 fr. de rente française 3 0/0 n° 540,846. 198 40

8° Immeubles.

43. Eglise se composant de sacristie, chœur, 3 nefs, galeries, chaire et troncs incrustés au mur . *mémoire*
Cette église a été construite par la fabrique sur un terrain de 14 a. 27 acquis par le diocèse de Besançon, de Pierre Priquet, propriétaire à Héricourt, suivant acte de Me Guiornaud, notaire à Héricourt, du 25 juin 1879.

9° Archives. Analyses des papiers.

Néant.

II

A la Chapelle de Saint-Valbert

(Commune d'Héricourt)

44. Un autel fixe en bois et tôle peinte 50
45. Un chemin de croix composé de 14 cadres . . 7
46. 4 bancs 8
47. Un brûle-bougies en tôle 3
48. 4 vases 1 50
49. 8 chandeliers en verre 2

M. le Curé doyen déclare que la fabrique n'a pas d'autre actif que ci-dessus inventorié et qu'elle n'a pas de passif.

Les estimations ont été faites par le receveur seul.

24.247 40

Le présent inventaire et le classement qu'il comporte sont établis tous droits et moyens de l'État et des parties réservés.

Sur notre réquisition, MM. Retz, curé doyen, et Priquet, président du bureau des marguilliers, ont déclaré qu'à leur connaissance, il n'existe pas d'autres biens susceptibles d'être inventoriés que ceux portés au procès-verbal.

En conséquence, nous avons clos le présent inventaire, le trois février mil neuf cent six, à 10 heures 1/2 du matin, et après lecture faite, nous l'avons signé seul, les comparants ayant refusé de le revêtir de leur signature.

Signé : Bonnot.

N° 5

Inventaire des Biens du Temple protestant d'Héricourt [1]

(5 février 1906)

Dressé en exécution de l'art. 3 de la loi du 9 décembre 1905.

L'an 1906, le 5 février, à 8 h. 1/2 du matin ;

En présence de M. *Mettetal* Jules, pasteur à Héricourt,

Nous soussigné *Bonnot*, receveur des Domaines à Héricourt, dûment commissionné et assermenté, spécialement délégué par le Directeur des Domaines à Vesoul ;

Avons procédé, ainsi qu'il suit, à l'inventaire descriptif et estimatif des biens de toute nature détenus par le Temple protestant d'Héricourt.

I

Au Temple d'Héricourt

Sacristie. — Un vase de baptême avec une assiette en argent	50
Deux vases de communion, 1 ciboire en métal dans une boîte, une patène	150
Une nappe de communion et une serviette . . .	1
Chœur. — 80 chaises en bois	160
Autel recouvert d'un drap, pupitre, bible . . .	150
Deux tapis et un petit banc rembourré	20
A reporter. . . .	531

---

(1) Le culte protestant s'est constitué en une « *Association cultuelle* » composée d'environ 1,730 membres. Année 1906.

Report. . . .	531
Nef. — 39 bancs	390
4 fauteuils en bois.	12
Drap avec franges dorées sur la chaire	24
2 calorifères avec leurs tuyaux.	25
2 troncs en bois	1
Meubles : armoire, table, calafalque, etc, . . .	31

A LA GALERIE : AU CLOCHER.

Un harmonium, 200 fr. ; 8 bancs, 2 chaises, 1 petit tabouret	211
Deux cloches dont une portant l'inscription : « *Je suis la propriété de l'Eglise luthérienne d'Héricourt* » [1], avec leurs charpentes et leurs accessoires	5.600

II

NUMÉRAIRE. TITRES ET VALEURS.

En numéraire	157 45
Cantiques	20
Les titres sont les suivants :	
I. Un titre de 215 francs de rente française 3 0/0 n° 677.572, série 5, au nom de « *Héricourt* (Hte Saône). *Caisse des Aumônes. Le Conseil presbytéral de l'Eglise de la Confession d'Augsbourg*, du 26 sept. 1903 » ; . .	7.112 92
II. Un titre de 212 francs de rente française 3 0/0, n° 549.779, série 5, au même nom que le précédent, du 6 novembre 1899	7.013 67
III. Un titre de 70 francs de rente française 3 0/0, n° 555,592, série 8, au nom de « *Caisse d'aumônes de l'Eglise protestante de Tavey*, du 24 décembre 1901 ; ».	2.315 84
A reporter. . . .	23.444 88

(1) Les cloches ont été fournies par M. Farnier, fondeur à Robécourt (Vosges) ; la facture, s'élevant à 5000 fr. est du 18 octobre 1893.

M. Mettetal déclare que l'Eglise a cédé au fondeur une petite cloche estimée 540 fr., en déduction du prix de deux nouvelles cloches. Cette dernière, achetée en 1809, était la propriété de la ville. (Voir Note sur les cloches, page 2, chap. VII).

Report. . . . 23.444 88

IV. Un titre de 58 francs de rente française 3 0/0, n° 7.751, série D, au nom du *Consistoire d'Héricourt* (1); 1.918 84

V. Six obligations de la Cie des chemins de fer P.L.M. de 500 fr. 3 0/0. Certificat n° 131.487, série 6. au nom de l'*Eglise protestante d'Héricourt*. Fonds destinés à la Caisse des Aumônes 2.775

Sous la date du 21 mai 1907, M. le pasteur Mettetal a reçu de la Préfecture de la Haute-Saône le communiqué suivant :

Le Préfet de la Haute-Saône certifie :

1° Que les titres énumérés ci-dessus, dont l'*Association paroissiale de l'Eglise évangélique luthérienne d'Héricourt* demande l'immatriculation à son nom, lui ont été régulièrement attribués par le Conseil presbytéral d'Héricourt (délibération du 4 décembre 1906) en vertu de la loi du 9 décembre 1905 et du règlement d'administration publique du 16 mars 1906;

2° Qu'il y a lieu de substituer sur lesdits titres la

A reporter. . . . 28.138 72

(1) Voici l'historique de ce titre de rente :

Le 5 décembre 1774, un legs pieux fut constitué par Suzanne Raymond, épouse du pasteur Jean-Jacques Duvernoy de Montbéliard, en sa qualité d'héritière et d'exécutrice des dernières volontés d'Anne-Claudine Parrend, veuve de Jean-Georges Walther, en son vivant tanneur, maître-bourgeois d'Héricourt, « au profit des pauvres néces-« siteux de cette ville, professant la religion évangélique de la con-« fession d'Augsbourg. »

Ce legs de la valeur de deux mille livres tournois fut placé en rentes 3 0/0 sur l'hospice civil de Montbéliard, alors administré par les neuf maîtres-bourgeois, afin que les curés d'Héricourt ne pussent l'atteindre et s'en emparer. Les intérêts annuels n'ont pas cessé dès lors et jusqu'à l'année 1885, d'être versés à la caisse paroissiale d'Héricourt (*). A cette date, l'hospice de Montbéliard se libéra de cette redevance à la paroisse protestante d'Héricourt en lui versant un capital représentant l'intérêt qu'elle lui servait annuellement.

Telle est l'origine de ce titre (§ IVe) de 58 francs de rente française provenant du legs pieux relaté ci-dessus, remboursé par l'hospice de Montbéliard.

(*) *Eglise d'Héricourt*, par A. Chenot, pasteur, p. 103.

Report. . . . 28.138 72

mention : « *Association cultuelle paroissiale de l'Eglise évangélique luthérienne d'Héricourt* » à celle existant actuellement ;

3° Que l'indication de la destination des arrérages à inscrire sur les nouveaux titres est la même que celle existant actuellement.

Vesoul, le 21 mai 1907. Pour le Préfet.
Le Secrétaire général, Pizot.

Immeubles.

30. *Eglise.* — Sol de l'église, 4 ares 40. Section A, n° 954 . . . . 3.620
L'église comprenant, sacristie, chœur, nef, galerie et chaire . . . . *Mémoire*.

Déclaration de M. le Pasteur Mettetal.

1° Que l'église était propriété paroissiale avant la réunion de la seigneurie d'Héricourt à la France, et qu'en vertu des lois des 9-18 septembre 1790 et des 1-10 décembre 1790, elle est restée ce qu'elle était auparavant.

2° Que les stalles fixées, les boiseries, la chaire ont été payées par le Conseil presbytéral et restent sa propriété.

Archives et analyse des papiers.

Néant.

A l'Asile.

Rez-de-chaussée : 14 bancs en gradins . . .	100
» 28 » . . .	40
Meubles meublants : table, calorifères. . .	40
A l'étage : Une bibliothèque de 400 volumes. .	100
Meubles : 25 chaises, 4 tables, calorifère, lampe, etc.	80

Immeubles.

30. Sol de la maison et jardin à Héricourt d'une contenance de 27 a. 01, lieudit « Chemin du cimetière », n° 1026 . . . . 2.700

A reporter. . . . 31 818.72

Report. . . . 34.818 72

51. Maison servant de Salle d'asile.

M. Mettetal déclare que l'asile est dirigé par une institutrice diplômée qui a ouvert sous sa responsabilité, une école enfantine et qu'il est surveillé par un Comité indépendant du Conseil presbytéral. Les salles sont données à usage au comité de la Salle d'asile. Le bâtiment sert d'annexe an temple pour catéchisme et séances presbytérales. Il comprend 2 pièces au rez-de-chaussée, 8 pièces au 1er étage, grenier et cave, petit bâtiment dans la cour servant de buanderie et bûcher 23.200

M. Mettetal déclare que ce bâtiment a été construit sur un terrain acquis de M. Boigeol suivant acte, qu'il ne peut représenter.......

Promesse de vente du 25 avril 1860.

III

Eglise de Tavey.

52. 16 bancs, une cruche de communion 32

Coffre, pupitre de chantre 7

Service de communion comprenant : une cruche, une coupe, un ciboire, une patène en ruolz . 40

Une nappe et une serviette 5

Immeubles.

58. La nef d'une église comprenant : chœur, nef et 2 chaires . . . . *Mémoire*

Cette église est mixte avec la fabrique curiale de Tavey.

59. 4 a. 90. Bois des Côtes, n° 508, sur Tavey. . . 10

60. 7 a. 20. Verger au village, n° 509, sur Tavey. . 60

M. Mettetal dit qu'il ignore l'origine de ces deux parcelles.

Total. . . . 58.202 72

Déclaration concernant l'Actif et le Passif.

M. Mettetal déclare que le temple n'a pas d'autre actif que celui ci-dessus inventorié et qu'il n'a pas de passif.

Observations d'ordre général.

Les estimations ont été faites d'un commun accord avec M. Mettetal.

Le présent inventaire et le classement qu'il comporte sont établis tous droits et moyens de l'Etat et des parties réservés ;

Sur notre réquisition, M. Mettetal, pasteur à Héricourt, a déclaré qu'à sa connaissance, il n'existe pas d'autres biens susceptibles d'être inventoriés que ceux portés au procès-verbal.

En conséquence, nous avons clos le présent inventaire, le cinq février 1906, à 4 heures du soir, et après lecture faite, nous l'avons signé avec M. Mettetal.

Ont signé : Bonnot, Mettetal.

Culte israélite.

Une association est constituée en la ville d'Héricourt, sous le titre de « *Association cultuelle israélite* ». Elle se compose de 44 membres. Objet : Culte. Date : 19 octobre 1906. (*Journal officiel*, jeudi 25 octobre 1906.)

N° 6

Procès-verbal d'estimation de la cure protestante d'Héricourt

25 Messidor an IV (1796)

L'an quatre de la République française, une et indivisible, le 25e jour de Messidor. . . . .

Nous, Ernest Guillaume Vœlffel, demeurant à Clairegoutte, expert nommé par délégation du département de la Haute-Saône, en date du neuf courant et Schom père, demeurant à Héricourt, expert nommé par le citoyen Jean-Claude Corne d'Eprel, par sa soumission d'acquérir le bien national cy après désigné, en date du sept prairial dernier ; à l'effet de procéder à l'estimation en revenu et en capital sur le pied de 1790, du domaine national cy après désigné, consistant en une maison, où loge le ministre du culte protestant, un jardin, verger, aisances et dépendances, situés sur la commune d'Héricourt. Nous nous sommes transportés en ladite maison après en avoir prévenu le citoyen Lubert, commissaire du pouvoir exécutif près l'Administration municipale du canton d'Héricourt, qui nous a accompagnés sur les lieux et héritages cy après désignés, et en l'absence du citoyen Corne, soumissionnaire.

Après avoir examiné l'état du bâtiment, les matières de sa construction, la longueur, la largeur, la hauteur, son emplacement et sa distribution, sa clôture et son accès, et mesuré les terrains qui en dépendent, avons reconnu qu'elle est construite en maçonnerie, les angles croisées et corniches sont en pierres de taille ; elle a trente huit pieds de profondeur, quarante de largeur et vingt deux de hauteur ; couverte en tuiles, distribuée, d'une cave sous une partie du bâtiment, d'une cuisine, et trois chambres au rez de-chaussée ; à l'étage, trois chambres et un cabinet, et au-dessus, sous le couvert, de deux greniers, l'un pour le foin, l'autre pour le grain, le tout en bon état.

Joignant les dits bâtiments, il y a un jardin et une cour contenant environ trois boisseaux.

Les dits bâtiments, cour et jardin, délimités, au levant par le chemin qui conduit au château, au midi, une place communale, au couchant les fossés du château et au septentrion les bâtiments du dit château.

Les dits experts sont d'avis que la maison, avec ses aisances, valaient, en 1790, un revenu annuel de deux cent cinquante livres.

cy	250 £	
lequel multiplié par dix-huit, d'après la loi, donne en capital quatre mille cinq cents livres . . . . cy		4500 £
Le jardin a un revenu de cinquante livres . . cy	50	
Lequel revenu multiplié par vingt-deux donne un capital de onze cents livres cy		1100
Total en revenu trois cents livres	300	
Et en capital cinq mille six cents livres		5600 £

Observations du citoyen Lubert

Dans le cours de nos opérations, il a été observé par le citoyen Lubert, commissaire, que cet édifice avait été, par la municipalité, destiné au logement d'un instituteur d'école primaire qui doit être placée à Héricourt, d'après l'arrêté de l'Administration municipale du dit lieu, et que conformément à la lettre du Ministre de l'intérieur, ce bâtiment ne peut être aliéné, avant que l'Administration du département n'ait statué sur cet arrêté.

Et de tout ce que dessus, nous avons fait et rédigé notre présent procès-verbal, que nous affirmons sincère et véritable, en notre âme et conscience, après avoir opéré pendant une journée et demie, et a, le Commissaire du pouvoir exécutif, signé avec nous, après lecture faite, le soumissionnaire absent.

Fait à Héricourt, le vingt six messidor, l'an quatre.

Ont signé : LUBERT, SCHOM, WOELFFEL.

Reçu à Héricourt, le 26 messidor an 4e de la République. Reçu dix francs en assignats.

SIMONIN.

Archives de la Haute-Saône, Dépt. fol. 48e v.

Vu la présente requette ;

Ouï le rapport du citoyen Petitjean ;

Le commissaire du Directoire exécutif entendu ;

L'administration centrale du département de la Haute-Saône, arrête que par le citoyen Plaisonnet, arpenteur demeurant à Lure, et en présence du Commissaire de l'administration municipale du canton d'Héricourt, il sera procédé à la reconnaissance de tous les bâtiments et édifices nationaux et communaux dans la commune pour constater ceux qui sont les plus propres pour loger les instituteurs et institutrices, enfin pour établir une maison de sûreté.

De tout quoi, il sera dressé procès verbal pour ensuite être renvoyé à l'administration, être statué ce qui sera trouvé juste.

Fait et arrêté au département, à Vesoul, le quinze thermidor, l'an quatre de la République.

Signé : ROCHET, PETITJEAN, ILLISIBLE.

N° 7

Visite par l'expert Plaisonnet des cures et autres maisons appartenant à la commune d'Héricourt.

20 Thermidor, an IV (1796).

Le 20 thermidor, an quatre de la République françoise.

Nous soussigné *Jean-Baptiste Plaisonnet*, entrepreneur de bâtiment, demeurant à Lure, expert nommé, par arrêté du Département de la Haute Saône, en date du quinze thermidor dernier, portant que visite et reconnoissance seront faites des deux autres maisons appartenant à la commune d'Héricourt, savoir :

Celle servant à loger le ministre protestant, et l'autre servant au logement du ci-devant curé.

Je me suis transporté à l'indication du commissaire nommé par la municipalité du canton d'Héricourt — le citoyen L. Lubert.

Cure protestante. — J'ai reconnu : 1° que la maison où loge le ministre, les mesures, longueur et hauteur sont les mêmes que celles portées dans le procès-verbal des experts en date du 25 messidor dernier, mais que cette maison se trouve au-dessus de la rue du château et presque hors de l'enceinte de la commune d'Héricourt, délimitée en partie par les anciens fossés du château au couchant, le dit château au nord, la rue du château au levant, et une place commune au midy ; il paraît même que cette maison a été construite dans les fossés.

Cure catholique. — L'autre cure se trouve située dans la rue, à droite, en montant au château, joignant l'église. Cette cure est des mêmes longueur, largeur et hauteur que les experts le portent dans leur précédent procèsverval. Le rez-de-chaussée de cette cure est composé de quatre caves dans une desquelles se trouve une cheminée avec un four : la cheminée en partie démolie. Le reste du bâtiment est en amphithéâtre où l'on arrive avec des escaliers, tant au premier qu'au second, partie des planchers sont vermoulus, d'autres parties ébréchées, où se trouvent des liteaux cloués sur les joints.

Cette maison est sans aucune aisance. Son entrée se prend par une petite cour où se trouve un petit jardin d'environ une coupe formant une espèce de terrasse,

Maison d'école. — La maison d'école, composée de deux grandes chambres basses et de quatre petites au-dessus, séparées seulement par des galandures en planches. Cette maison est vieille et caduque et demande des réparations ; elle est adossée contre un four d'aisance, et les écuries de la maison commune, elle a vingt-trois pieds d'une face au couchant et quarante et un au midy.

Maison du four. — Une autre maison servant de four d'aisance, joignant la dernière et au midy de la maison commune. Cette maison est composée d'une grande chambre à four, voutée au-dessus, assortie de son cuisant, d'une chambre haute avec un cabinet. Le tout en état, sauf la couverture à remanier ; elle a d'une face au midy trente un pieds, et au levant dix neuf pieds six pouces.

Maison commune. — La maison commune a, d'une face au levant, quarante cinq pieds six pouces et quarante deux pieds de l'autre face au nord, donnant sur la route de Belfort à Besançon.

Cette maison est composée au rez-de-chaussée, savoir : d'un corridor et cage d'escalier, d'un poële, d'une cuisine et un petit cabinet au levant et d'une cave dans le reste du rez-de-chaussée.

Chambre de la municipalité du canton. — Au premier étage, règne un corridor au dessus de l'escalier, et à gauche du corridor se trouve une salle servant à la *municipalité du canton :* au bout de cette chambre, une autre servant de chambre d'arrêt ; au bout de ces deux chambres, du levant au midy, se trouvent deux chambres servant au logement du valet de la commune, et à droite du corridor se trouvent déposés les sceaux et autres ustensiles servant pour parer aux incendies.

Les cabinets. — Au second se trouve une grande salle à gauche du corridor, trois autres chambres avec un cabinet à latrines qui sert pour le rez-de chaussée et les deux étages au-dessus.

Les greniers ou combles, charpente et couverture, murs, portes et fenêtres, le tout en état, sauf dans la couverture où il se trouve plusieurs gouttières.

Cette maison est relaissée en partie au citoyen Jean-Georges Lods, savoir :

Le rez-de-chaussée et les trois chambres dessus; les deux salles au-dessus servant à la municipalité du canton et l'autre à la commune.

Au couchant de cette maison et joignant *la Halle*, se trouve une écurie de trente-six pieds d'une face et douze de l'autre, le tout sous œuvre avec les greniers à foin au-dessus.

Tous ces bâtiments se trouvent dans l'enceinte de la commune où l'on peut y arriver de toutes parts et paroissent convenir pour toute sorte d'établissement.

La Halle. — J'observe de plus, qu'à côté de ces bâtiments et au couchant et sur la route, se trouve un gros bâtiment servant de halle au rez-de-chaussée et des magasins au-dessus qui seroient aussi propres à toutes sortes d'édifices publics sans rien démolir, mais seulement des galandures pour y former des salles de quelle grandeur que l'on voudrait; au lieu que dans les deux cures, si on vouloit former des salles pour maisons d'école ou autres établisssemens; on ne pourroit le fairé qu'en détruisant une partie du gros œuvre de l'intérieur.

La maison d'école a toujours servi pour les deux cultes, et sert encore pour le culte protestant.

Refus du citoyen Lubert d'approuver led. procès-verbal attendu « l'infidélité » de la présente opération.

Et au moment où j'ai fait lecture du présent procès-verbal au citoyen Lubert, commissaire du pouvoir exécutif, faisant fonctions de commissaire nommé par l'administration municipale, pour m'accompagner dans la présente reconnaissance, il m'a déclaré *qu'il ne vouloit pas signer, attendu la prétendue infidélité de la présente opération.*

Ce que je certifie véritable en mon âme et conscience, et dans lequel j'ai employé trois journées.

Signé : J.-B. PLAISONNET.

Enregistré à Héricourt le vingt thermidor, an quatre Républicain. Reçu dix francs en assignats.

Signé : FRÉZARD,
par Commission.

(Archives de la Hte-Saône. — Dépt. fol. 48e r.)

ERRATA

Page 87, ligne 3,	*au lieu de*	amassée.	*lire*	amusée.
Page 108, ligne 4,	»	promis.	»	permis.
Page 109, ligne 32,	»	inahabilité.	»	inhabilité.
Page 131, dernière ligne,	»	2	»	82.

TABLE DES MATIÈRES

MONTBÉLIARD — SOCIÉTÉ ANONYME D'IMPRIMERIE MONTBÉLIARDAISE

DU MÊME AUTEUR :

Les Corporations à Héricourt. — V. *Revue d'Alsace*. 1883. Mulhouse. Bader.

Recherches historiques sur l'état et le développement de l'instruction publique à Héricourt, depuis la fin du moyen-âge jusqu'à nos jours. V. *Revue d'Alsace*. 1884-1885. Mulhouse. Bader.

Une Séance du Consistoire d'Héricourt — 1886. Mulhouse. Bader

Prise de Montbéliard par les gardes nationales de Belfort et d'Héricourt, d'après des documents originaux inédits. Extrait de *la Révolution française*. 1893. Paris. Etienne Charavay, éditeur.

www.ingramcontent.com/pod-product-compliance
Ingram Content Group UK Ltd.
Pitfield, Milton Keynes, MK11 3LW, UK
UKHW021116220726
13924UKWH00004B/1748